# SCHRIFTENRE
# EXTREMISMU
# DEMOKRATIE

Band 1
Imanuel Geiss
## Der Hysterikerstreit
Ein unpolemischer Essay
250 Seiten, geb.,
ISBN 3-416-02370-6

Band 2
Christa Hoffmann
## Stunden Null?
Vergangenheitsbewältigung in Deutschland
1945 und 1989
331 Seiten, geb.,
ISBN 3-416-02369-2

Band 3
Patrick Moreau
## PDS
Anatomie einer postkommunistischen Partei
465 Seiten, geb.,
ISBN 3-416-02371-4

Band 4
Birgit Rätsch
## Hinter Gittern
Schriftsteller und Journalisten vor dem Volks-
gerichtshof 1934–1945
241 Seiten, geb.,
ISBN 3-416-02409-5

Paul Noack · Eine Geschichte der Zukunft

Schriftenreihe
Extremismus & Demokratie
Herausgegeben von
Uwe Backes und Eckhard Jesse
Band 9

Paul Noack

# Eine Geschichte der Zukunft

1996

BOUVIER VERLAG · BONN

ISBN 3-416-02648-9

# Inhaltsverzeichnis

# I. Einleitung: "So viel Ende gab es noch nie"

> "Die Haltung der Menschen zur Welt muß sich radikal ändern. Wir müssen den arroganten Glauben aufgeben, daß die Welt lediglich ein Rätsel ist, das es zu lösen gilt, eine Maschine mit einer Gebrauchsanleitung, die wir nur zu entdecken brauchen, eine Informationseinheit, die in einen Computer eingegeben wird, wobei wir hoffen, daß er früher oder später eine universelle Lösung ausspuckt."
>
> *Václav Havel*

Bei dem, was folgt, handelt es sich um ein Traktat, um eine Abhandlung also. Traktat klingt im Deutschen ein wenig altmodisch; im Englischen "treatise" und im Französischen "traité" ist das anders. Aber das Wort scheint mir genau das zu bezeichnen, was es bietet: Die Konzentration auf ein einziges Thema, bei dem nicht, wie beim Essay, die geistvolle Zuspitzung angesagt ist, sondern der inhaltliche Fortgang.

Dieses Traktat basiert auf einer einfachen These. Sie lautet: Unsere Zeit, in der mehr über die Zukunft geredet und geschrieben wird als je zuvor, ist im Grunde eine Zeit, die keine Zukunft mehr kennt. Das mag dem einen pessimistisch, dem anderen futuristisch, dem dritten sinnlos klingen. Aber es ist so. Selbst die elaborierteste Methode der Zukunftsforschung kann nicht verdecken, daß den Wissenden zwar klar ist, wie gefährdet die Menschheit ist. Sie können aber nicht mehr sagen, mit welchem Ziel und mit welchen Mitteln die Menschheit ihre Zukunft ansteuern soll. Daß wir genügend sauberes Wasser, genügend zu essen, nicht zuviel Schmutz in der Luft haben - das allein kann doch nicht das Ziel eines Entwurfes sein, der nach dem Sinn menschlicher Existenz fragt. Die Bedingungen, unter denen der Mensch leben will, sind Voraussetzungen eines lebenswerten Lebens, können aber nicht zu dessen Sinn erhöht werden. Viel weiter aber geht das meiste nicht, was uns derzeit zur Bewältigung unserer Krisen angeboten wird. Dagegen war selbst das Wunschbild vom Schlaraffenland, dieses Urbild aller hedonistischen Zukunftsprojektionen, von einer vertrackten Kompliziertheit. Nichts ist geblieben von der Rätselhaftigkeit der menschlichen Beziehung zu Zukunft und Vergangenheit. Nichts von den Heideggerschen Gedanken hat sich festgehakt, die besagten, daß wir unsere Existenz in eine Zukunft hinein-werfen, die unendlich offen ist. Auch Heideggers Erkenntnis, daß wir mit jeder unserer Entscheidungen den Horizont aller zukünftigen Möglichkeiten einengen, geht nicht einmal in An-sätzen in das ein, was gegenwärtig über die Zukunft gedacht wird. Immer weniger hat der Mensch eine Ahnung davon, daß die Zukunftsvorstellungen ohne Wenn und Aber in sein Bild von den Möglichkeiten der Gegenwart eingehen.

Zukunft ist mehr als nur eine Zeitangabe. Sie ist nicht nur das, was auf uns zukommt. Sie kann als Fortschreibung der Gegenwart ebenso das sein, dem wir entfliehen wollen. Mögli-cherweise ist sie auch gereinigte Gegenwart, eine Gegenwart ohne störende Attribute. Der Mensch entlastet sich vom drük-kenden Alltag dadurch, daß er sich eine Zukunft vorstellt. Er ist das einzige lebende Wesen, das sich nicht nur eine Zukunft vorstellen kann, sondern die Zukunft benötigt, um leben zu können. Glücklich die Ausnahmefälle, die bereit und fähig sind, „in den Tag hineinzuleben". Denn am Ende jeden Tages fragt der Tag an: Wozu? Und wir können gar nicht anders ant-worten als dadurch, daß wir der jüngsten Vergangenheit einen Sinn unterlegen, der in der Zukunft endet. Die Zukunft verleiht der Gegenwart ihre Bedeutung.

Die Frage nach der Zukunft - so sagten wir - ist eine aus-schließlich menschliche Frage, deshalb auch logischerweise die Antwort, die jedes Zeitalter darauf gibt. Sie hat die Menschen zu allen Zeiten bewegt. Komplizierte Denkvorgänge wurden durch sie in Bewegung gesetzt, obwohl die möglichen Alterna-tiven schlicht sind. Vielleicht macht gerade das ihre immer-währende Faszination aus. Schließlich sind, bei Licht betrach-tet, in äußerster Vereinfachung nur zwei Varianten möglich:

entweder das Goldene Zeitalter, die ungetrübte, unbeeinträchtigte ewige Seligkeit, in christlicher Tradition Paradies genannt, oder Armaggedon, das Jüngste Gericht, die Zeit der Verdammnis, an die jeder nur mit Abwehr und Schaudern denken kann. Belohnung oder Strafe, das sind die Alternativen. Die eine ersehnt man, der anderen sucht man sich mit allen Mitteln zu entziehen.

Rar ist die Spezies Mensch, für die - so berichtet der französische Moralist Chamfort - gleich einer gewissen Madame de Rochefort etwas anderes als die Gegenwart nicht wünschbar ist. Die antwortete auf die Frage, ob sie nicht begierig sei, die Zukunft zu kennen: „Aber nein, sie ähnelt mir zu sehr der Vergangenheit." Das läßt bei der Dame sowohl auf einen beklagenswerten Mangel an Einbildungskraft wie auf einen Mangel an historischem Bewußtsein schließen; denn sie sagte das wenige Jahre vor der Französischen Revolution. Die dürfte ihr gezeigt haben, daß die Zukunft keineswegs der Vergangenheit ähneln muß. Viele Mitglieder ihres Standes gingen an der häufigsten aller geschichtlichen Fehleinschätzungen zugrunde: Wer zu spät kommt, den bestraft das Leben. Oder: Es ist keine größere Dummheit denkbar als die, sich die Zukunft als Fortsetzung der Gegenwart vorzustellen.

Es ist allerdings umstritten, was der einzelne für die menschlichen oder unmenschlichen Lebensformen der Zukunft tun kann. Wie groß der Anteil menschlichen Einzelwillens am Verlauf der Geschichte ist, bleibt letztlich ein Geheimnis. Nicht von ungefähr wurden immer wieder Sprünge und Katastrophen konstatiert, die nicht voraussehbar waren, jedenfalls nicht vorausgesehen worden sind. Der letzte Sprung dieser Art war der Zusammenbruch der DDR. Die wissenschaftlichen oder intuitiven Beschwörung der Zukunft waren deshalb stets von einer bemerkenswerten Unschärfe des Urteils begleitet. Das gilt sogar für die anscheinend geglückten Vorhersagen eines Alexis de Tocqueville. Dessen Urteil von 1835 galt fast zwei Jahrhunderte als der Höhepunkt futuristischen Scharfsinns. Denn er hatte erkannt, daß zwei damals noch junge Mächte, die USA und Rußland, angetreten waren, „dereinst die Geschicke der halben Welt zu lenken", weil der einen die Freiheit, der anderen die Knechtschaft Antriebskraft ihres Handelns sei, der einen das private Interesse, der anderen die in einem einzigen Menschen zusammengedrängte Macht des Kollektivs. Selbst im Falle einer genialen Zukunfts-Prognose zeigt es sich, daß auch die irgendwann an die Grenze des Denkbaren stößt. Was sich im letzten Jahrzehnt abgespielt hat, läßt das Urteil zu, niemals wieder werde die russische, vom Sozialismus stalinistischer Prägung getragene, Macht in einen Zweikampf um die Weltherrschaft eintreten können. Oder ist ein solches „Niemals" zumindest für den zu kurz gegriffen, der an die „Wiederkehr des ewig Gleichen" als das Grundprinzip dieser Welt glaubt?

„Weltgeschichtliche Betrachtungen" in der Tradition eines Jacob Burckhardt sind nicht die angestrebte Dimension dieser Studie. Wir könnten die Seiten schließen, wenn wir mit ihm der skeptischen Meinung wären: „So wenig wie im Leben des einzelnen ist es für das Leben der Menschheit wünschenswert, die Zukunft zu wissen. Und unsere astrologische Ungeduld ist wahrhaft töricht." Etwas anderes soll klargemacht werden: Zeitgenössische Zukunftsprojektionen haben eine gebrochene Sicht: Sie üben sich - 1. - in der Kunst der Vorausschau, so wie dies die Menschen nun schon seit Jahrtausenden getan haben. Sie üben sich aber - 2. - in ihr unter Voraussetzungen, die einmalig in ihrer Art sind. Wenn man - wie Umberto Eco - davon ausgeht, daß das, „was heute innerhalb von fünf Jahren geschieht, einer Entwicklung entsprechen kann, die [im Mittelalter] fünf Jahrhunderte brauchte", dann wird eine Eigenheit unserer Zeit sofort evident: „Jede Prognose wird das Ergebnis einer Auswahl sein, und die Auswahl wird von einem Ziel abhängen."[1]

Da die Zahl der Daten, die zur Verdeutlichung des Wandels zu Rate gezogen werden müssen, sich in derselben - oder einer größeren - Geschwindigkeit vervielfacht wie sich die Geschichte beschleunigt, liegt die größte Schwierigkeit, mit der wir zu kämpfen haben, vor aller Augen: „Obwohl wir noch nie so viele Daten über die Welt zur Verfügung hatten wie heute, wird unsere Zukunft immer undurchsichtiger."[2] Die Konsequenz aus einer solchen Situation kann - trotz einer Datenverarbeitungs-Kapazität, deren Vermehrung dem gleichen Geschwindigkeitsrausch unterliegt - deshalb nur sein, daß man gar nicht mehr vorgibt, die Zukunft entschlüsseln, enträtseln oder ihrer Geheimnisse entkleiden zu können. Dies auch wegen einer zweiten Eigenheit menschlichen Denkens: Wir können gar nicht anders, als die eigenen Wertvorstellungen in das Datenmaterial, das auf Weisung wartet, hineinzutragen. Das führt zu der höchst subjektivistisch klingenden Folgerung: „Was [...] getan und wie es getan wird, hängt [...] in höchstem Maße davon ab, wie wir die Wirklichkeit sehen und verstehen."[3] Die hochgerühmte „Objektivität" bleibt auf der Strecke, unsere Zukunftswünsche steuern die Datenauswahl.

Goldenes Zeitalter und Apokalypse waren fast dreitausend Jahre lang als Großbilder der Zukunft nichts anderes als Projektionen von menschlichen Stimmungen, Befindlichkeiten, Krisen und als solche so unobjektiv wie nur möglich. Die modernen Futurologen, die es mit sich und den anderen ernst meinen, wissen das. Einer der ihren - Arthur C. Clarke - hat aus den Unwägbarkeiten seines Metiers geradezu ein Gesetz gemacht:

„Wenn ein hervorragender älterer Wissenschaftler sagt, daß etwas möglich sei, dann hat er mit großer Wahrscheinlichkeit recht; wenn er sagt, etwas sei unmöglich, dann hat er mit großer Wahrscheinlichkeit unrecht."[4]

Ins Subjektive gewandt hat der Wiener Essayist Egon Friedell mit seiner luziden Leichtigkeit das Dilemma, vor dem das 20. Jahrhundert stand und bis zu seinem Ende steht, am Beispiel Spenglers benannt:

„Das Endziel der abendländischen Entwicklung wie Spengler sie sieht, ist die nervöse und disziplinierte Geistigkeit des Zivilisationsmenschen [...] ist mit einem Wort: Spengler. Dies ist ohne jeden bösen Nebensinn gesagt. Es ist zu allen Zeiten das große Recht des Denkers gewesen, sich selbst zu beweisen [...]. Der 'Untergang des Abendlandes' ist die hinreißende Fiktion eines Zivilisationsdenkens, das nicht mehr an Aufstieg glauben kann."[5]

Da haben wir sie wieder: die Notwendigkeit, die bisher datengefüllte Zeit mit Sinn zu füllen, und sei es mit der eigenen subjektiven Meinung darüber, was man der Zeit abverlangen könne. Es sei der Schluß gewagt: Je absoluter sich Zukunfts-Projektionen geben, desto subjektivistischer dürften die Vorgänge sein, die zu ihren Ergebnissen führten. Das wird einem „Modellbauer" unserer Jahrzehnte kaum einleuchten, dürfte aber im Laufe der Untersuchung an Plausibilität gewinnen. Trockener, gleichwohl von derselben Einsicht in die Wechselwirkung von Objektivität und Subjektivität geprägt, äußert sich ein junger Universalhistoriker unserer Zeit:

„In die Prognosen geschichtlicher Perspektiven fließen vielfach Angst und Hoffnung mit ein, ja es läßt sich in vielen Fällen beobachten, daß, je konkreter sich die Prognosen ausnehmen, sie desto mehr Ausgeburten von erhebenden oder deprimierenden Gefühlen sind."[6]

Es ist ein Satz, den Spengler mit der überraschenden Pointe gekrönt hätte: „Allgemeingültigkeit ist immer der Fehlschluß von sich auf andere."[7] Es ist der Grundsatz eines Menschen in seinem Zwiespalt. Denn immerhin hatte er seinen „Untergang des Abendlandes" mit der Sentenz begonnen:

„In diesem Buch wird zum ersten Mal der Versuch gewagt, Geschichte vorauszubestimmen. Es handelt sich darum, das Schicksal einer Kultur, und zwar der einzigen, die heute auf diesem Planeten in Vollendung begriffen ist, der westeuropäisch-amerikanischen, in den noch nicht abgelaufenen Stadien zu verfolgen."[8]

Damit haben wir eine weitere These Traktates, das auf Prototypisches, nicht auf Vollständigkeit zielt, vorgestellt: Zukunftsprognosen sind die Erzeugnisse nicht nur einer erregten Seele und/oder eines erregten Intellekts, sondern ebenso der sozialen Bedingungen, die sie in Schwingungen versetzte. Je heftiger auf der „Objektivität" von Methode und Urteil bestanden wird, desto tiefer sollte man graben, um die verborgene Motivation der Urteile zu finden. Das gilt für unsere Jahrzehnte, in denen die Begriffe „Mythos" und „Intuition" lange Zeit nicht mehr wissenschaftsfähig waren, noch mehr als für alle Jahrhunderte davor. Kehren wir also damit zu Hesiod und seinem „Goldenen Zeitalter" zurück? Nicht ganz. Den Begriff der „neuen Unübersichtlichkeit" konn-te nur unsere Zeit erfinden. Nie strebten die Zukunfts-Bilder, die nicht mehr entworfen, sondern errechnet, „projiziert" werden, so weit auseinander wie heute. Nicht einmal auf die Dekadenz des Westens, die nach dem Ende des Ersten Weltkrieges die Gespräche der Gebildeten dominierte, kann man sich mehr verlassen. Es mag durchaus sein, daß die pluralistische Beliebigkeit des „Everything goes" schon wieder aus dem Denken der Postmoderne zu verschwinden beginnt. Was die Zukunftshoffnungen und -ängste dieser Welt, von der wir behaupten, sie sei die unsere, angeht, hält sich die Unübersichtlichkeit mit eiserner Beharrlichkeit. Hans Magnus Enzensberger bringt es auf den Punkt: „Der Pluralismus verschont nichts. Auch die Zukunft ist nicht gegen ihn gefeit [...]. Die Zukunft ist als homogene Vorstellung undenkbar geworden."[9]

Gehen wir den Ursachen der Zukunftszersplitterung nach. Und stehen wir nicht an, uns selbst zu widersprechen. Es ist ein unstillbares Bedürfnis des Menschen, sich optimistisch ein Leben in aufsteigender Linie zu denken. Ebenso unstillbar ist das Ungenügen an ihm. Trost und Verzweiflung halten sich für denjenigen die Waage, der an die Zukunft denkt. Das „Projekt Zukunft", ein Projekt also, das auf das dritte Jahrtausend zielt, ist heute so spannend wie eh und je. Vielleicht noch spannender - dies eine weitere These unserer beiden Zukunfts-Durchläufe - weil wir uns (so hat es den Anschein) einen guten Ausgang unserer Zukunft gar nicht mehr vorstellen können. Der erste Durchlauf wird sich also damit beschäftigen, wie der

Mensch über fast drei Jahrtausende seine Zukunft immer mehr in die eigenen Hände nimmt, der zweite, wie wir mit dem Paradox fertig werden, daß uns die Zukunft dennoch entglitten ist.

## II. Die Vergangenheit der Zukunft

> „Die Zukunft dient als Projektionsfläche für
> Hoffnungen und Befürchtungen."
>
> *Niklas Luhmann*

### 1. Der erste Anlauf - ein Goldenes Zeitalter

Zukunftsdenken erforderte schon immer eine nicht unbeträchtliche Reife des Denkens. Wer sich besinnungs- und planlos dem Walten von Natur- und anderen Göttern ausliefert, ist vom Denken über seine Zukunft ausgeschlossen. Er stellt sich die Zukunft nicht vor - er gibt sich ihr hin. Er ist passiv da, wo der Mensch, der seine Zukunft vorausdenkt, sich diese auch formt. Dies ist - bei allen Unterschieden, die aufzusuchen so faszinierend ist - das einigende Band zwischen allen Zukunftsentwürfen. Mit ihnen bekommt die Zukunft einen Sinn. Man glaubt sie zumindest einsehbar. Wer über die Zukunft nachdenkt, gibt ihr nicht nach, sondern will sie vorbereiten. Ob das gelingt, ist eine andere Frage. Die Erfahrung sagt: eher nicht.

Für alles Folgende, was über die Versuche, die Zukunft zu ergründen, noch zu sagen sein wird, war schon ihr erster Vertreter auf europäischem Boden bezeichnend, der griechische Dichter Hesiod. Von ihm, der um 700 v. Chr. in Boëtien geboren wurde, hat man gesagt, er habe - zusammen mit Homer - den Kosmos der griechischen Götterwelt überhaupt erst erfunden. Das ist die größte Leistung, die sich von einem Dichter sagen läßt, der an der Wende von einer mythologischen zu einer neuen, rationalistischeren Zeit wirkte. Hesiod wollte keine folgenlosen Fabeln darbieten, sondern Wahrheiten verkünden. Weder erzählte er Geschichten, noch verwandelte er - als ein früher Wissenschaftler - seine Weltsicht in ein abstraktes Weltbild. Was er tat, war folgendes: Er brachte Ordnung in die anthropozentrische, aber wirre Götterwelt der frühen Griechen. Er erschuf Stammbäume rund um das Göttergeschlecht von

Zeus und Hera, schaffte das Chaos ab, dachte in Bildern und systematisch zugleich. Wozu das Ganze? Bei Hesiod wird erstmals erkennbar, daß nicht nur Subjektives beim gelungenen Versuch, Ordnung im Götterhimmel zu schaffen, mit einfließt. Zeitgleich wird die soziale Dimension, wird soziales Interesse artikuliert. Was könnte Hesiods „Interesse" gewesen sein? Erst in seiner neu geschaffenen Ordnung, in der die Griechen wissen, woher sie kommen und wohin sie gehen, ist so etwas wie voraussehbare Zukunft möglich. Noch ist der Weg weit zur Prognose. Aber der Grieche weiß von nun an, wer daran „schuld" ist, wenn im Leben etwas schief geht. Man kennt die Verwandtschaft der Götter und ihre Funktionen, belegt den einen oder anderen mit seinen Vorlieben oder Abneigungen, beginnt zu verstehen, wie Macht produziert wird und wie man Macht verliert. Hesiod ist kein farbiger Fabulierer - er interpretiert sich selbst als Seher, nimmt Wahrheit für sich in Anspruch. Damit weist er fast dreitausend Jahre voraus; er wird zum Ahnherrn all derer, die Zukunft mit dem Anspruch von Wahrheit verkünden. Das klang so:

„Golden war das Geschlecht der redenden Menschen, das
Die unsterblichen Götter, des Himmels Bewohner, erschufen.
Jene lebten [...] wie Götter ohne Betrübnis,
Fern von Mühen und Leid, und ihnen nahte
Kein schlimmes Alter.
Und immer regten sie gleich die Hände und Füße,
Freuten sich an Gelagen, und ledig jeglichen Übels
Starben sie, übermannt vom Schlaf.
Und alles Gewünschte hatten sie. Frucht bescherte
Die nahrungsspendende Erde immer von selber [...].
Ganz nach Gefallen schufen sie ruhig ihr Werk
Und waren in Fülle gesegnet, reich an Herden und Vieh,
Geliebt von den seligen Göttern."

In einem unterscheidet sich die Götterwelt der Griechen grundlegend von der Neuzeit. Sie kamen gar nicht auf die Idee, sich neue Zukünfte zu erschaffen, mittels derer die Gegenwart ersetzt wurde. Ihr „Goldenes Zeitalter" verdoppelte sich sozusagen. Es wurde aus der Vergangenheit unter Aussparung der Gegenwart gleich in die Zukunft transportiert. Dies vor allem aus zwei Gründen: Zum einen sahen sich die Griechen, ganz innerweltlich, als Krone der Schöpfung. Zukunftsvisionen konnten nur aus dem eigenen Kulturkreis entnommen werden. Also wurde für Hesiod die Gegenwart zur Dekadenz dessen, was man in der Vergangenheit genossen hatte. Zum anderen erlaubte es das mythische Denken nicht - die Mythen der Vergangenheit waren nichts anderes als das geronnene Reservoir kollektiver Erinnerung - sich seiner zu entledigen. So traten mit dem „Goldenen Zeitalter", zusammen mit dem etwa zur gleichen Zeit entstandenen Topos des alttestamentarischen „Paradieses", zwei der wirkmächtigsten Bilder der Geschichte bis hin zu Karl Marx' „klassenloser Gesellschaft" in die Welt. Das „Goldene Zeitalter" war in der Vergangenheit angesiedelt. Es repräsentierte Sehnsüchte und Hoffnungen für die Zukunft, die man aus der Erinnerung heraufholte.

Wir stehen schon hier vor einem Dilemma. Wenn eines zu vermeiden ist, dann ist es dies: daß aus einer Geschichte der Zukunft eine Geschichte der Utopien wird. Von denen haben wir eine Fülle (darunter ganz vorzügliche) bis in unsere Zeit, an deren Ende dekretiert wurde, daß die Utopie tot sei. Wer von der Zukunft schreibt, kann die Utopien nicht umgehen. Sie bewirkten - solange es sich nicht um unsere „negativen" Utopien handelt - stets eine Entlastung von den Frustrationen der Gegenwart. Aber Utopien waren, kritisch betrachtet, immer auch Sonderfälle. Deshalb ist es wichtig - dies im Vorgriff auf den zweiten, zeitgenössischen Teil des Traktates - die Profile von Zeitaltern herauszuarbeiten, in denen Utopien und Zukunftsprojektionen wucherten oder verdorrten.

Bei den Griechen ist die Zeit noch weit, in der sich Denker und Dichter darüber Gedanken machen, ob das, was sie für richtig hielten, Wirklichkeit werden könne. Selbst die Großen ihrer Zunft, die im 5. Jh. v. Chr. folgten, also insbesondere

Platon und Aristoteles, haben nicht übermäßig viel Energie darauf verwendet, ihren Entwürfen einen Laufzettel mitzugeben, auf dem der Übergang von der Gegenwart zur Zukunft verzeichnet stand. Geschichtlich interessiert daher, ob und wie sie politisch wirksam wurden, ob sie gar - wie in den christlichen Endzeitvorstellungen - die Gegenwart als überwindbares Jammertal verdrängten. Die Zukunft weist so auf die Gegenwart zurück. Immer wieder stellt sich dann die Frage nach den Wegen und Instrumenten, mittels derer man sich zur Zukunft durchschlägt.

Für die Griechen, Hesiod an der Spitze, war die Sache klar. Er stellte die „goldene" Vergangenheit der „eisernen" Gegenwart gegenüber und projizierte sie in die Zukunft. Die „Wunschland-schaften" (Ernst Bloch), die dabei entstanden, waren von einer bemerkenswerten Gleichförmigkeit. Die Welt, in der man (es darf angenommen werden, der „Seher" reproduzierte die Gefühle der Mehrheit) leben wollte, war auf eine bemerkenswerte Art und Weise uniform, was sicherlich auch darauf beruhte, daß sie ein rein männliches Denken transportierte. Noch erstaunlicher aber ist dies: Alle folgenden Paradiese und „Schlaraffenländer" ähneln auf frappierende Weise denen aus dem 7. oder 6. Jahrhundert vor Christi Geburt. Das läßt auf ein archetypisches Denken schließen, das durch keine Erfahrung erworben und deshalb durch keinerlei Lebenswenden auszurotten ist. Solche konservativen Grundmuster - die gute, alte Zeit! - werden seltener, seitdem die utopischen Denker der frühen Neuzeit den Menschen nicht mehr vermitteln, was sie wollen, sondern das, was sie wollen sollen. Damit kam ein zwanghafter Zug in die Beschäftigung mit der Zukunft. Doch bis dahin war es noch eine lange Zeit.

Alexander Demandt hat die Zukunftsbilder der frühen griechischen Zeit anschaulich so zusammengefaßt:

„Das Menschenbild der antiken Utopie zeigt stets verwandte Züge. Alle diese Sonnenkinder leben mehr oder weniger für sich, ungestört und abgeschlossen. Sie genießen äußeren und inneren Frieden, kennen keine Krankheiten, sterben einen schönen Tod und brauchen weder Entwicklung noch Fortschritt. Sie haben Gold im Überfluß oder benötigen keines. Soziale Spannungen werden durch perfekte Gleichheit oder starres Kastenwesen abgefangen. Der Kommunismus erstreckt sich über die Güter auf die Frauen bzw. die Männer. Die Ehe [...] ist in keiner Idealgesellschaft vorgesehen. Die Arbeit ist leicht oder gar überflüssig [...]. Die Phantasie kann sich, von keiner Erfahrung gegängelt, entfalten und offenbart uns die Sehnsüchte der Autoren."[10]

Schon in dieser frühen Phase der systematischen Beschäftigung des Menschen mit seiner Zukunft treffen wir auf eine Erscheinung, die sogleich ein für allemal festgehalten werden soll: Über die Jahrhunderte hinweg werden gleiche Begriffe mit neuen Bedeutungen beladen. Das gilt auch für das „Goldene Zeitalter". Sieben Jahrhunderte hat es für den Lebensbereich der Griechen etwa die gleiche Rolle gespielt. Doch dann tritt der Begriff in die Lebenswelt der Römer über, und schon bewegt er sich - bedingt durch die geschichtlichen Veränderungen - in einem veränderten Kontext.

Mit den Griechen ist der Mythos nicht verlorengegangen. Nur verblaßt die Beziehung zur „goldenen" Vergangenheit in dem Maße, in dem der Mensch sich zum Herrn seines Schicksals aufzuschwingen scheint. Das „Goldene Zeitalter" als eine Projektion, die Tatkraft bewirkt, weil sie Idealvorstellungen hervorruft, ist leicht mit dem tatkräftigen, eher nüchternen Naturell der Römer, den weltgeschichtlichen Erben der Griechen, zu verbinden. Tatsächlich finden wir „Goldene Zeitalter" bei Vergil und Horaz wieder, den Zukunftsmachern Roms. Siebenhundert Jahre nach Hesiod verfaßt Vergil (70 - 19 v. Chr.) im Jahre 40 v. Chr. eine Schrift mit dem Titel „Saeculi novi interpretatio", Deutung des neuen Zeitalters. Bei ihm wie auch bei Horaz (65 - 8 v. Chr.) haben wir es erneut mit dem Traum eines „neuen Zeitalters" zu tun. Aber nur noch der Name ist geblieben; Struktur und Funktion sind völlig verwandelt. Das Vorbild des „neuen Zeitalters" ist nicht mehr in der Vergangenheit angesiedelt - es dient der Verherrlichung einer sehr nahen Zukunft: der Zeit des Augustus, des ersten römischen Kaisers (63 v. Chr. - 14 n. Chr.). Nicht mehr mythische Wahrheit, die den Menschen übersteigt, soll verkündet werden. Mit Vergil und später auch Ovid (43 v. Chr. - 17 n. Chr.) treten wir in die Zeit der Staatspropagandisten ein. Das neue Zeitalter liegt in Reichweite. Wer dem Rate der Dichter folgt, wird den Sittenverfall, dem Augustus sich entgegenstellt, nicht zu fürchten haben. Ovid (der selbst von Augustus verbannt wurde) und Vergil liefern keine Utopie mehr, an der sich der geschundene Mensch aufrichten kann - sie sind die Lieferanten konkreter Verheißung und tragen dazu bei, den Weg in eine bessere Zukunft als realitätserfüllte Hoffnung zu bahnen. Somit beginnt mit Ovid, Vergil und Horaz das Bild des „Goldenen Zeitalters" als Theologie-Ersatz zu verblassen. Im 5. Jahrhundert n. Chr. war es zu einem „literarischen Topos" geworden und hatte damit seine Wirkkraft verloren. Sein endgültiges Verschwinden steht in einem unlösbaren Zusammenhang mit dem Aufkommen des Christentums. Das brachte eine Umwertung aller Werte, zum Beispiel von dem anzustrebenden „Kommunismus des Nichtstuns" zu einer positiven Neubewertung der Arbeit mit sich. Eine schöne Zukunft wird nicht mehr denen versprochen, die reich sind, sondern denen, die sich ihres Reichtums entledigen. Zuvor taucht übrigens mit dem „Arkadien" Vergils eine weitere Figur auf, die später Bedeutung gewinnt: die Flucht aus der Großstadt, dem ruhigen Komfort des Denkens hingegeben, weit weg von dem Volk, das in Rom bald als Masse geschichtswirksam wird.

Bevor wir von einer stark ästhetizistisch geprägten Zeit in eine andere, der Entsagung und deren Wonnen gewidmeten, übergehen, sei an eine praktische Seite der griechischen Zukunftsvorstellungen erinnert. Die beinhalteten nämlich nicht nur großformatige Tableaus einer idealen Zukunft. Die Griechen wollten auch die Wege kennenlernen, mittels derer man die Zukunft des nächsten *Tages* ergründen könne. Die Rede ist von dem unübersehbar reichen Repertoire an Mitteln, sich der Weisheit der Götter zu vergewissern, um mit deren Hilfe Klarheit und damit Glück zu erlangen. Davon handelt Kapitel 3.

Eines dürfte aus den bisherigen Ausführungen klar geworden sein: Ein Traktat wie dieses ist weder mit der Kurzfassung einer europäischen Kulturgeschichte noch mit der einer Geschichte der Ideologien gleichzusetzen. Darauf zielt sein Ehrgeiz nicht. Es ist ebenso evident, daß Hesiods Bedeutung nicht durch seine „Erfindung" des „Goldenen Zeitalters" abgedeckt wird, wie es klar ist, daß Vergils „Bucolica" mehr enthalten als den Leitbegriff „Arkadien" oder Karl Marx' „Kapital" die wenigen vagen Äußerungen über das Leben nach dem Sieg des Proletariats. Alle diese Autoren werden zusammengezogen auf das, was sie an Neuem für den Begriff und die Wirklichkeit der Zukunft beigetragen haben. Doch werden - andererseits - nicht alle Autoren, die über sie geschrieben haben, nicht alle Bewegungen, die sich ihrer bemächtigten, im folgenden genannt. Die lange Reihe der technischen Utopien des 19. Jahrhunderts z.B. ist im Grunde langweilig, weil diese alles ausschlachten, was denkbar ist. Damit drücken sie zwar aus, was „anliegt", aber geben kaum Auskunft „wozu". Ganz anders stand das - damit nehmen wir die Chronologie bei den Griechen wieder auf - mit Platon.


## 2. Das Vorbild Platons

Es gehört zu den Rätseln der Geistesgeschichte, wie es kommt, daß die großen Meisterwerke einer Epoche oft an ihrem Anfang stehen. Es dürfte (den Nachahmungstrieb nicht zu vergessen) etwas damit zu tun haben, daß jeder schöpferische Mensch in seiner kreativen Frische beeinträchtigt wird, wenn er sich in einer „Spätzeit" erst einmal mit einer Fülle von Gegenargumenten und -bildern auseinandersetzen muß, bevor er zu dem ihm Eigenen kommt, zu dem, was unser Jahrhundert den „Paradigmenwechsel" genannt hat. Eine solche Unverbrauchtheit hatte sicher Platon, der athenische Philosoph, das Vorbild jeglichen philosophischen Idealismus, der 428 - 347 v. Chr. lebte. Er gilt als der erste Konstrukteur eines Idealstaates, eines „erdachten Musterstaates", den man erst viel später mit dem Begriff der Utopie belegte. Eine Utopie, ein Staat Nirgendwo, war seine Gedankenkonstruktion schon deshalb nicht, weil der Ahnherr aller Idealstaaten ihn nicht im Ungefähren ansiedelte, sondern auf dem griechischen Festland, 15 Kilometer vom Meer entfernt, aber doch mit guten Häfen versehen. Zudem glaubte Platon an die Realisierbarkeit dessen, was er vortrug, er wies ihm Modellcharakter zu.

Als eines der durchgängigen Motive unserer Durchmusterung der Zukunft wird sich herausstellen, daß es immer Krisensituationen waren und sind, in denen sich Zukunftsentwürfe entwickelten. Platon ist dafür der erste Beleg. Die Zukunft als eine Dimension der Zeit, die aus dem Denken des Menschen nicht wegzudenken ist und die stete Auffrischung dieser Dimension durch eine korrekturbedürftige Wirklichkeit - darin besteht ihre lebendige Frische bis auf den heutigen Tag.

Platons Staatslehre, vor allem in den Werken „Der Staat" (ca. 370 v. Chr.) und den späteren „Gesetzen" (ca. 350 v. Chr.) fixiert, waren Reaktionen auf Krisen des athenischen Staatslebens, die mit der Verurteilung des Sokrates zum Schierlingsbecher im Jahre 399 v. Chr. ihren Höhepunkt erreicht hatten. Innerhalb weniger Jahrzehnte hatte sich zuvor das Königstum in eine Aristokratie verwandelt, die wiederum in eine korrupte Demokratie degenerierte. Nach einer überdimensionierten, deshalb verderbenbringenden Großmachtpolitik riß ein Tyrannenregiment Athen ins Verderben, bis sich erneut eine Demokratie etablierte, die jedoch unfähig war, dem ethischen Verfall, der in einen schrankenlosen Individualismus und Egoismus ausuferte, Einhalt zu gebieten. Innerhalb weniger Jahrzehnte war damit Athen im Zeitalter Platons zu einem Experimentierfeld der Staatstheorie geworden, aus deren Abläufen die Politische Theorie auch heute noch Honig saugt.

Platons Leben und Werk sind die verzweifelte Reaktion auf diesen Verfall. Er sucht nach einem neuen Fundament für den idealen Staat und findet es in der Idee der Gerechtigkeit als Ziel, das ein idealer Staat anzustreben habe. Platons geschichtliche und staatstheoretische Exkurse sind maßgebend bis in unsere Zeit geblieben. Zumindest gaben sie Anlaß, an ihnen die eigenen Gegenargumente zu schärfen. Platon, der „Idealist", im frühen Mittelalter vom „realistischen" Aristoteles eine Zeitlang verdrängt, trat nicht von ungefähr erneut in Erscheinung, als der florentinische Humanismus im 16. Jahrhundert sich seiner erinnerte. Campanellas ekstatischer Sonnenstaat war bis in die Einzelheiten ohne sein Vorbild nicht denkbar. Platon wirkt deshalb modern, weil er sich auf keine andere Erkenntnisquelle als die Vernunft bezog, aber auch, weil hier ein einzelner versuchte, seinen Staats- und Standesgenossen - allerdings mit wenig sichtbarem Erfolg - klar zu machen, das, was er dachte, sei auch in ihrem Interesse gedacht. Er lieferte die Vorgaben, um seine Zeit aus ihrem selbstverschuldeten Elend in eine zwar nur erdachte, gleichwohl - wie er meinte - realisierbare Zukunft zu führen.

Einige Ergebnisse seiner psychologisch grundierten Staatslehre seien hervorgehoben, weil sie als Stichworte jeder Zukunfts-Diskussion über die Jahrhunderte hinweg immer wieder auftauchen: Er begründet die Notwendigkeit einer Arbeitsteilung und damit die Archetypen eines Ständestaates, der aus dem Nährstand, dem Wehrstand und dem Lehrstand besteht; das war in seinem Falle der Stand der Philosophen-Könige. Er begründet eine umfassende Kontrolle der inneren Lebensordnung der Gesellschaft durch den Staat. Er hält zumindest für den Wehrstand der „Wächter" eine kommunistische Existenzsicherung ohne Geld für begründet. Im Staatsinteresse scheint ihm eine umfassende Geburtenkontrolle unerläßlich - um die Qualität der Geburten zu garantieren. Vor allem aber besteht er auf der Notwendigkeit geistiger Wurzeln, der Ideen, für den Fortbestand des von ihm ins Auge gefaßten Gemeinwesens. Ohne die sei eine lebenswerte Existenz der Bürger nicht denkbar.

Eine Besonderheit seines Denkens, später immer wieder nachgeahmt, liegt in seinem Beharren auf dem Ideal des Kleinstaates. Er begründet dies mit der Sorge, andernfalls könne die Kontrolle über die Gesellschaft, die Einheit, verloren gehen. Diese Idee wird mit einer Konsequenz verfolgt, die es wahrscheinlich macht, daß Platon von der pythagoreischen Zahlenmystik beeindruckt war. Nimmt man die Gedanken des „Staates" und der „Gesetze" zusammen, dann findet man folgendes: Der Staat soll nicht mehr als 5040 wehrpflichtige Bürger umfassen, die Zahl der „Wächter" nicht mehr als tausend. Innerstaatliche Dynamik wird aus einem solchen Staat verbannt. Andererseits muß der Idealstaat eine Größe haben, die es erlaubt, sich gegen Feinde zu verteidigen. Die scheint ihm mit den vorgegebenen Zahlen gewährleistet: In zwölf Phylen ist das Volk gegliedert, deren Land wiederum jeweils den zwölften Teil umfaßt. Die Größe der Stadt und die Möglichkeit mäßigen, nicht unmäßigen Reichtums stehen in einem „vernünftigen" Verhältnis zueinander. „So wie das Neue Testament, das Grimmsche Märchen und Karl Marx übereinstimmend verkünden, meint auch Platon: Gut und reich ist niemand zugleich."[11]

Eine solche Exaktheit läßt sich auch in anderen Bereichen nachweisen. Sie ist nur dadurch zu rechtfertigen, daß sein Ideal der Ausgewogenheit sich auch auf das Reich der Zahlen erstreckt. Als Resümee der Pionierleistung Platons, soweit sie seine Staatsidee betrifft, läßt sich festhalten: Er bestimmt die politische Gleichheit jedes einzelnen nicht nach dem Grundsatz arithmetischer Gerechtigkeit, die jedem dasselbe gibt, sondern nach der geometrischen Gleichheit, die jedem das Seine gewähren will. Mangelnde Gerechtigkeit, das ist ja eine Figur des politischen Alltags wie der politischen Theorie, die zu Diskursen Gelegenheit bietet, die nie enden. Jedem das Seine oder jedem Dasselbe, das sind die Kampfrufe, unter denen im 19. Jahrhundert Liberalismus und Sozialismus angetreten sind. Es sind Gedanken, die auch in den späteren „Utopien" immer wieder auftauchen. Ohne Platon wäre das, was sich heute „Futu-rologie" oder „Science of the future" nennt, eine Wissenschaft ohne Grundlage. Denn sie lebt von der Projektion von Ideen in eine noch unbewohnte Welt.

## 3. Zukunftsdeutung als Massenware: Das Orakel

Schon bei den Griechen ist die Trennung von Theorie und Praxis, überirdischer und unterirdischer Zukunft, von Erkenntnissen, gewonnen aus äußerster Scharfsicht und genialischer Intuition, die kommerzielle Vermarktung der Zukunftsdeutung wie ihre Instrumentalisierung zum Beheben existentieller Krisen zu finden. Auch in unserem Alltag treffen wir auf den großen Wurf und den täglichen Nutzen, die Vision und die instrumentelle Anstrengung, den Blick auf die ferne und die nahe Zukunft. Das tägliche persönliche Horoskop und das globale „Weltmodell" koexistieren einträchtig nebeneinander. Den Griechen ging es wie allen Zeitaltern danach: Wenn es schon Möglichkeiten gab, den Göttern in die Karten zu gucken, dann wollte sich auch das Volk nicht mit allgemein gehaltenen, von Priestern verwendeten Prophetien abspeisen lassen, die für sein alltägliches Leben nichts brachten. In einer Kultur, die auf der individuellen Existenz aufgebaut war, ließ es sich der einzelne auf die Dauer nicht nehmen, direkt mit den Göttern zu kommunizieren. Er wollte wissen, ob sie für ihn Glück oder Unglück bereithielten. Zugleich lag in der Anrufung der Götter oder im Ausdeuten der Zeichen der Natur, etwa im Rauschen des Eichenhaines von Dodona, der Quellenschau, des Vogelfluges oder der Deutung von Eingeweiden auch Bescheidenheit. Mit den Zeichen der Natur überprüfte man, ob die Handlungsvarianten, die in jedem individuellen Schicksal offenbleiben, richtig eingeschätzt wurden oder ob man eventuell eine übersehen hatte.

Darüber hinaus stand den Griechen eine erstaunliche Fülle von Hilfsmitteln zur Verfügung. Schließlich hatten sie einen Götterhimmel, von dem aus die Götter ihren Kreaturen zusahen. Nicht wenige von ihnen hatten mit Sterblichen Halbgötter gezeugt. Griechische Götter waren daher eigentlich immer einsatz- und eingriffsbereit. Nicht nur, daß sie sich mit größtem Vergnügen mit der eigenen „Unter"-Welt paarten; die vertraute ihrerseits darauf, daß die Götter ihnen, sofern man willens war, sie gnädig zu stimmen, Hilfe zukommen lassen würden. Die Vielförmigkeit und Ubiquität der göttlichen Tatorte spiegelt daher nichts anderes als die Vielfalt des von Hesiod in Ordnung gebrachten Olymps wider. Ganze Wissenschaften und Geheimwissenschaften wurden im Laufe der Zeit zur Verfügung gestellt, um die Zukunft verfügbar zu halten. Ob es sich durch Weissagungen mittels einer Opferflamme (Hieoskopie), um die Entschlüsselung kryptischer Sätze (Kledonomantie), ob es sich um Astrologie (Sterndeutung) oder Orakel der verschiedensten Art (Los- oder Totenorakel) handelte - immer war es das Ziel, Unergründliches mittels göttlicher Sprüche durch Übersinnliches ergründbar zu machen.

Alle Orte und Versuche, die Zukunft vorzeitig zum Leben zu erwecken, verblassen in ihrer Bedeutung gegenüber Delphi und seinem Orakel. Vom 2. Jahrtausend v. Chr. bis etwa zum 8. Jahrhundert n. Chr. wird an diesem Kultort am Parnass mit wechselndem Erfolg und wechselndem Ansehen in die Zukunft geschaut, und das heißt eben auch: Schicksal gespielt. In unserem Zusammenhang ist das von besonderer Bedeutung, weil die Geschichte von Delphi *eine* Funktion der Zukunftsdeutung ins Licht rückt, die nie so recht ans Licht will. So heißt es in einem modernen Lexikon der Antike: „Das 5. Jahrhundert bringt Diskussionen, die dem delphischen Orakel politische Parteilichkeit vorwerfen, oder gar Fälle von Korruption." Sogar von der Bestechung der Priesterin selbst ist die Rede. Man weiß, daß dort die Pythia auf einem Dreistuhl, wahrscheinlich in Trance, Wahrheit sprach. Man weiß aber nicht einmal, welcher Art Orakel man zu vertrauen hatte. War es ein Traum- oder ein Losorakel? Sicher ist nur eines: Es war das bedeutendste Orakel der Griechen bis in die Zeit des Hellenismus hinein.

Natürlich ging es in der Mehrzahl der Anfragen um Glück und Karriere, Ehebruch und Erbschaften. Der Wahrspruch der Sibylle konnte aber auch das Schicksal ganzer Heere und selbst ganzer Völker entscheiden. So hat man sich in neuerer Zeit nicht mehr damit begnügt, diese Sprüche als von Apollon gesteuerte, zwischen außersinnlicher Wahrnehmung und Wahnsinn angesiedelte, wolkige und damit vielfach deutbare Äußerungen zu kennzeichnen, sondern ihnen geradezu den Charakter eines „Geheimdienstes der Antike" verliehen. Nicht die Sprüche selbst, sagt man, hätten freilich diesen Charakter gehabt. Es sei die Priesterschaft gewesen, die durch ihre Deutung dem Orakel den von ihr gewünschten Sinn gab. „Was wäre", so orakelt ein zeitgenössischer Autor, „wenn die Pythia oder doch zumindest die Priester im Hintergrund, die deren unverständliche Sprüche in Plättchen ritzten, selbst über den Dingen standen und den kultischen Gottesdienst tatsächlich inszenierten? Wenn sie ihm nicht selbst unterlagen, dabei aber nicht aus niedrigen Motiven handelten, sondern mit höchster Intelligenz vorgingen?"[12]

Lassen wir die Frage offen. Immerhin gibt es eine Fülle von Beispielen, die diesen Schluß nahelegen. Nicht immer, das wenigstens läßt sich sagen, aber zuweilen hat die Funktion der Interpreten der Zukunft darin bestanden, die „Arbeit" der Pythia in die ihnen gemäße Form zu bringen. Berichten wir hier nur von zwei Fällen von vielen in zeitgemäßer Sprache. Der erste betrifft Krösus (ca. 560 v. Chr.), den letzten König von Lydien, noch heute das Synonym für Reichtum.

„Als er im Begriff stand, einen Feldzug gegen die Perser im Osten zu beginnen, schreiben ihm die Delphi-Priester den doppeldeutigen Orakelspruch auf, er werde ein großes Reich zerstören, wenn er den Grenzfluß überschreite. Mit stolzer Brust stürzte sich Krösus in das Kriegsabenteuer, da er sich wegen des günstigen Orakels für unverwundbar und die Perser bereits für besiegt hielt. Er zerstörte tatsächlich ein großes Reich - sein eigenes [...]. Könnte es nicht sein, daß die intelligente Priesterschaft mit ihrem Spruch Krösus in diesen Krieg getrieben hat, um die wachsende Macht der Perser einzudämmen und dabei den Pufferstaat Lydien zu riskieren?"[13]

Ein zweites Beispiel, mit dem Delphi in die Kulturgeschichte eingegriffen hätte:

„Der (spätere Philosoph) Diogenes wurde um 400 v. Chr. in Sinope am Schwarzen Meer geboren. Sein Vater verwaltete dort die städtische Münze. Eines Tages machten die Münzarbeiter dem Diogenes den Vorschlag, die Münze zu 'verändern', d.h. den Metallgehalt zu verringern und den Rest zu unterschlagen. Diogenes war unsicher. Er fragte beim Orakel in Delphi an, ob er die staatlichen Werte 'ändern' dürfe. Apollon erlaubte es! Diogenes ging ans Werk, wurde erwischt und mußte fliehen. Er kam nach Athen, und nun erst ging ihm der Sinn des Orakels auf. Der Gott hatte etwas anderes gemeint. 'Paracharattein to politikon nomisma' hieß nicht: Fälschung der Münzen, sondern: Umwertung der Werte [...] Diogenes erwies sich abermals als gehorsam dem Gotte, predigte und praktizierte fortan die Abkehr von den bürgerlichen Werten [...]."[14]

Das sind nur zwei von vielen Beispielen. Daß auf die Problematik des delphischen Orakels so ausführlich eingegangen wurde, hat zwei Gründe: Zum ersten läßt sich an ihm ein für allemal nachweisen, daß Zukunftsdeutung, ins Allgemeine gewandt, eine konkrete politische Bedeutung bekommen kann, die nicht sofort einleuchtet; zum zweiten zeigt sich, daß ein Orakel, gleich welcher Art, nicht nur der Wahrheitsfindung, sondern ebenso der Manipulation durch Dienstbarmachung von Ängsten und Hoffnungen der Menschen dienen kann. Dies im Sinn, heißt es in dem Sammelband „What Futurists believe", in dem Antike und Gegenwart zusammengezogen werden:

„Die Stärken von Zukunftsforschern (futurists) sind wie die des delphischen Orakels. Das lauschte dem Fragenden, wartete eine lange Zeit, bevor es sprach, und wenn es dann sprach, tat es dies in einer Art, die scharf am Kernpunkt der Frage vorbeizielte, aber schwanger von vielen Bedeutungen war. Seine Botschaft war nicht wörtlich zu nehmen, sondern als Indikator plausibler Möglichkeiten [...]. Als Forscher der Zukunft sind sie (die Futuristen) aufgeschlossen für Signale, Warnungen und Einflüsse von Wandel."[15]

Mancher der modernen Zukunftsforscher wird diese - mit leicht ironischem Unterton versehene - Einstufung nicht gerne hören. Er wird sich dagegen verwahren, daß seine Denkanstöße mit dunklen Orakeln verglichen werden und daß Glauben mit Wissen verwechselt wird. Lassen wir das bis zum dritten Teil. Immerhin ist damit eine Parallelität in der Tonart der Träger der Botschaft und deren Interpreten auf einen Nenner gebracht worden. Das muß wohl so sein, weil man Auskunft über Wahrheiten verlangte und verlangt, die sicher Gaia, die „Mutter Erde" kennt und auch Apollon, der meist übellaunige große Heilgott, die aber auf dem Weg über die menschlichen Transmissionsriemen viel an Klarheit verloren haben. Ganz abgesehen von der Tatsache, daß es möglicherweise gar nicht immer die Götter sind, die in das menschliche Schicksal eingreifen. Doch sind das Grenzgänge, die für das folgende christliche Zeitalter, seine in eine übermenschliche Transzendenz eingelagerten Zeit- und Zukunftsvorstellungen, gar keine Rolle mehr spielten.

## 4. Das Christentum als revolutionäre Wende

Wenn schon mit Ovid und Horaz das archaische Bild vom „Goldenen Zeitalter" eine neue Bedeutung angenommen hatte, so bedurfte es doch noch Jahrhunderte, bis seine heidnische Fröhlichkeit endgültig unterging. Das Christentum hat ihm den Garaus gemacht. Um 300 n. Chr. hatte es sich in Rom und Byzanz durchgesetzt. Damit wurde alles anders. Während Platon als Idealvorstellung des Lebens einen aristokratischen „Kommunismus des Nichtstuns" propagiert hatte, setzte sich mit ihm eine neue positive Auffassung vom Wert der Arbeit durch. Vor allem aber wird eine schöne Zukunft nicht mehr denen versprochen, die reich genug sind, sich die leisten zu können; vielmehr soll nun den Armen das Himmelreich gehören. Auf diese Weise wird das frühe Christentum zum Träger einer sozialrevolutionären Utopie:

> „In dem bekannten Gleichnis vom reichen Manne und dem armen Lazarus kommt der Reiche nach seinem Tode in die Hölle. Reichtum verdirbt die Menschen und führt sie in die Verdammnis. Der Reiche wird auf seinen Wegen verwelken, denn er wird wie eine Blume im Gras in der Sonnenhitze vergehen. Die Reichen sollen über ihr Elend weinen und heulen, ihr Reichtum ist verfault, Gold und Silber verrostet; sie haben sich selbst um das Himmelreich betrogen. Das alles ist alttestamentarische und zugleich sozialutopische Tradition, die Jahrhunderte zurückverfolgt werden kann."[16]

Das neue „Goldene Zeitalter" (das nicht mehr so genannt wird) ist in einem umstürzlerischen Sinn modern. Es wird keine innerweltliche Utopie mehr verkündet; die letzte Erfüllung des Menschseins wird in die Zukunft eines außerweltlichen Jenseits verlegt. Man kann nicht mehr nur aus dem Paradies herausfallen - man kann auch in das Paradies eingehen. Die außerweltliche Erfüllung menschlicher Zukunftswünsche ist das absolut Neue, das vom Christentum eingebracht wird. Es hat in das Neue Testament, vor allem aber in die Schriften der Kirchenväter, Eingang gefunden.

„Der antike Polytheismus nahm an, daß alle Religionen 'wahr' seien."[17] Die Abkehr von diesem anscheinend so einfachen Glaubenssatz ist der revolutionäre Kern des Christentums. Es ist der Träger einer einzigen, monopolistischen Heilserwartung. Diese Abkehr von vielen Heilsmöglichkeiten, die alle mit dem gleichen Anspruch auftreten konnten, und die Hinwendung zu dem einen, allein seligmachenden Glauben, der Welt- und Zukunftsgeltung beanspruchte, ist eine neue Erscheinung, deren Wirkung bis in unsere Zeit hineinreicht. Der Sozialismus des Karl Marx und das tausendjährige Reich Adolf Hitlers beziehen bei aller Unterschiedlichkeit ihrer intellektuellen und humanen Qualitäten aus der Verkündung eines einzigen - allerdings nun wieder innerweltlichen - Heils ihre Wirkkraft.

Die christliche Revolution, die sich ins zweite Jahrtausend fortsetzte, besaß deshalb ein Faszinosum für die Zeitgenossen, weil über Zukunft nicht mehr geweissagt, nicht mehr räsoniert und schon gar nicht mehr gemutmaßt wurde. Die Zukunft lag klar vor aller Augen, seitdem dreierlei einsichtig darzustellen war:

1. Es gab einen Menschenstaat und einen Gottesstaat; der Gottesstaat war dem Menschenstaat übergeordnet.

2. Der Fürst des Erdenstaates war der Teufel; doch war er nicht von Dauer - der Gott des Gottesstaates würde ihn überwinden.

3. Wer zu den Seligen und zu den Verdammten gehörte, war dem Urteil der Menschen entzogen. Gott allein entschied, was mit jedem einzelnen am Ende der Zeiten zu geschehen habe.

In der Zeit des frühen Christentums dankte daher die Philosophie zugunsten einer Theologie ab, die vor allem apologetischen Charakter hatte. Es ging nun darum darzulegen, wie der Glaube als Glaube an den dreieinigen Gott auch zu „beweisen" sei. Der Glaube überwand Vernunft und Wissen. „Erkenne, damit du glaubst, glaube, damit du erkennst." Die christliche Selbstgewißheit greift um sich, die besagt, daß es eine vom christlichen Gott abgelöste Wahrheit nicht geben könne, daß sie nicht einmal denkbar sei. Gott ist das Höchste, über das hinaus es nichts Höheres gibt.

Was hier in letzter Vereinfachung zusammengefaßt wird, ist das Ergebnis eines qualvollen geschichtlichen Prozesses mit vielen Seitentrieben, die von den siegreichen „Rechtgläubigen" teilweise mit brutaler Gewalt zurückgeschnitten wurden Die Gewißheit, daß man sich eines Tages gemeinsam im tausendjährigen christlichen Reiche wiederfinden werde, wurde in seiner endgültigen Fassung in heftigen Kämpfen erstritten. Wann das erstrebte Gottesreich zu erwarten sei, in der Nähe, der Ferne oder in einer von den Menschen nicht erkennbaren Zukunft, trieb nicht nur die frühen Christen auseinander. Die Zukunftsannahmen prägten auch die Form des Lebens auf der Erde. Die Montanisten z.B., die an eine baldige Heraufkunft des Reiches Gottes glaubten, stellten schon deshalb rigorose moralische Forderungen an sich selbst, weil nicht mehr viel Zeit blieb, sich dem angekündigten Ereignis würdig zu erweisen. Die Manichäer, die an einen permanenten und nicht zu vermittelnden Kampf zwischen einem guten und einem bösen Prinzip in der Welt glaubten, hatten überhaupt keine Chance. Sie wurden in Jahrhunderten ausgerottet. Das Konzil von Nicäa im Jahre 325 diente der „Gleichschaltung" der christlichen Lehre mit den Bedürfnissen des römischen Reiches Konstantins. Er hatte durch seinen Übertritt zum Christentum und das Toleranzedikt von Mailand 313 nicht nur das Christentum anerkannt, sondern auch der innerkirchlichen Diskussion darüber, ob man Rom als Nachfolgerin eines anti-christlichen Reiches zu verdammen oder als „neues Jerusalem" zu besingen habe, ein Ende bereitet.

Die einflußreichste Gestalt der nachkonstantinischen Zeit, „Gipfel des christlichen Staatsdenkens", ist bis heute Augustinus (354 - 430 n. Chr.) geblieben. Schon sein Lebenslauf ist ein Beispiel für die - auch geographische - Ausdehnung der christlichen Religion zu seiner Zeit. In Thagaste in Nordafrika geboren, führte ihn sein Lebensweg über Karthago, Rom und Mailand nach Hippo Regius, dem heutigen französischen Bône. Augustinus, der dem Leser heute zwar scharfsinnig, aber ziemlich trocken vorkommt, wurde dadurch bedeutend, daß er den Skeptikern an der Allmacht Gottes ein für allemal den Faden abschnitt.

„Wer zweifelt, weiß zum mindesten, daß er [...] existiert, daß er denkt, daß er lebt, und dieses Wissen ist unbezweifelbar. In der Selbstgewißheit findet Augustinus somit den festen Punkt, den keine Skepsis erschüttern kann."[18]

An die Stelle des Zweifels stellt er die Überzeugung, daß es eine Weltordnung gebe, in der Gott sich offenbart. Die nicht wegzuleugnende Tatsache der Existenz des Bösen in der Welt - für seine Vorgänger ein unüberwindliches Problem - wird von ihm auf eine zwar sophistische, zugleich genial anmutende Weise eliminiert. Er leugnet einfach die Existenz des Bösen als unabhängiges Prinzip. Das Böse ist für ihn nur ein Mangel, eine Privation. Es fehlt ihm etwas, was überall vorhanden sein sollte: das Gute.

Von den anthropozentrischen, pluralistischen religiösen Vorstellungen sind wir von nun an meilenweit entfernt. Ohne viel Aufhebens wird von ihnen Abschied genommen. Der Mensch ist ohne Gottes Güte weder fähig, Gutes zu tun, noch allein zur Wahrheit zu gelangen. Was die Zukunft anbetrifft, stehen ihr die Menschen hilflos gegenüber: Die Gnadenwahl Gottes allein und nicht ihr Bemühen scheidet sie in Gute und Böse mit den Folgen für Leben und Überleben. Das Christentum hat als einziges metaphysisches Zukunftsmodell das Kunststück fertiggebracht, Hoffnung und Schrecken als Leitmotive bruchlos miteinander zu verbinden. Nicht nur hat es ein für den Menschen undurchschaubares Sanktionsprinzip eingeführt (Gehorsamsverweigerung wird mit dem Entzug der Seligkeit bestraft); es hat auch eine geschichtliche Probestrecke auf dem Weg in die ewige Seligkeit eingebaut. In der Offenbarung des Johannes gehen nicht nur sieben Plagen dem Reich Gottes voraus, auch kündigen sieben Posaunen die Jahre der Prüfung an, und die große Hure Babylon muß erst untergehen, bevor die Voraussetzungen für den Eintritt in das tausendjährige Reich vor der ewigen Seligkeit erreicht werden. Ein Stufenplan ist einzuhalten, aus dem niemand zu keiner Zeit ausscheren darf. Nachdem der Teufel und der Satan vor dem tausendjährigen Reich gefesselt sind, werden diejenigen lebendig, die Jesus zu seinen Lebenszeiten treu gedient hatten „und regierten mit Christus tausend Jahre". Wenn die tausend Jahre vollendet sind „wird der Satan losgelassen werden aus seinem Gefängnis und wird ausziehen, zu verführen die Völker an den vier Enden der Erde."

Doch wieder unterliegt der Teufel, die Menschen werden einem neuen Gericht unterworfen.

„Und die Toten wurden gerichtet nach dem, was in den Büchern geschrieben steht, nach ihren Werken."

„Und der Tod und die Hölle wurden geworfen in den feurigen Pfuhl. Das ist der zweite Tod: der feurige Pfuhl. Und wenn jemand nicht gefunden wurde geschrieben in dem Buch des Lebens, der wurde geworfen in den feurigen Pfuhl."

Ein Berufungsverfahren ist nicht vorgesehen; Gott richtet in erster und letzter Instanz.

Wer durch diese doppelte Prüfung hindurchgegangen ist und sie bestanden hat, dem erst ist das ewige Leben im neuen Jerusalem sicher. Erst am Ende der Zeiten wird der Kampf der beiden Reiche - des Reiches Satans und des Reiches Gottes - ein für allemal entschieden.

„Und Gott wird abwischen alle Tränen von ihren Augen, und der Tod wird nicht mehr sein, noch Leid noch Geschrei noch Schmerz wird mehr sein."

Freilich sind die Eintrittsbedingungen hoch.

„Die Feigen [...] und Ungläubigen und Frevler und Mörder und Unzüchtigen und Zauberer und Götzendiener und alle Lügner, deren Teil wird in dem Pfuhl sein, der mit Feuer und Schwefel brennt."

Zuletzt kommt etwas Erstaunliches: Nach all den hochprophetischen Passagen klingt die Offenbarung in Beschreibungen des Ortes der Seligen mit konkreten Meßdaten aus. Der Himmel wird nicht als etwas Unfaßbares geschildert - das neue Jerusalem wird mit der gleichen Präzision geschildert, wie das schon Platon tat.

„Die heilige Stadt Jerusalem [...] hatte die Herrlichkeit Gottes [...]. Sie hatte eine große und hohe Mauer und hatte zwölf Tore [...]. Und die Stadt ist viereckig angelegt und ihre Länge ist so groß wie die Breite [...]. Und das Mauerwerk war aus Jaspis und die Stadt aus reinem Gold, gleich reinem Glas." Bäume tragen zwölfmal im Jahre Früchte, was sie eigentlich gar nicht brauchten, denn „man wird die Pracht und den Reichtum der Völker in die Stadt bringen".

Ebenso wie in der Offenbarung des Johannes bleiben auch bei Augustin menschliche Aspekte in den theologischen Konstruktionen erhalten. Die Zeit mit den Teilbereichen Gegenwart, Vergangenheit und Zukunft sowie die Zeitmessung sind nur im menschlichen Geist möglich, der sich erinnert, erlebt und etwas erwartet. In Augustinus' Worten lautet die Definition von Zeit und Zukunft so:

„Es gibt drei Zeiten. Die Gegenwart des Vergangenen, die Gegenwart des Gegenwärtigen und die Gegenwart des Zukünftigen [...]. Gegenwart des Vergangenen ist die Erinnerung, Gegenwart des Gegenwärtigen die Anschauung, Gegenwart des Zukünftigen die Erwartung [...]. Wie kann es geschehen, daß das Zukünftige vermindert und aufgezehrt wird, das doch noch nicht ist, und daß das Vergangene wächst, das doch bereits nicht mehr ist? Nur so, daß der Geist, in dem dies vorgeht, ein Dreifaches tut. Er erwartet, merkt auf und erinnert sich. Die Erwartung des Zukünftigen geht durch das Aufmerken auf das Gegenwärtige hindurch, die Erinnerung an das Vergangene über."

Augustinus wirkt unerhört modern, weil er die Zeit und damit auch die Zukunft als einen Modus menschlicher Existenz definiert. Nun wird auch faßbar, warum der Mensch von seiner Zukunft so „bewegt" wird. Vor der Weltschöpfung Gottes gab es keine Zeit, nun aber ist sie „verwertbar" allein im menschlichen Geist vorhanden. Was ebenso wichtig ist: Zeit ist nicht eine Maßeinheit, die ein für allemal festlegt; sie bezeichnet vielmehr Bewegungen des Geistes. In jedem Falle sind für Augustinus Gegenwart und Aktualität „ein bloßes Durchgangslager", an dessen Ende immer die gottverordnete Seligkeit oder die Verdammnis steht. Mit denen, die verdammt sind, braucht man kein Mitleid zu haben. Im Gegenteil: Deren Leiden gehören zu den Wonnen der Seligen.

Als einziger - vor allem politisch wirksamer - Schwachpunkt in der Abfolge von in sich logischen Schritten erweist sich bei Augustinus die Frage, wann das tausendjährige Reich, die letzte Stufe vor der ewigen Seligkeit, denn nun anbrechen werde. In dieser Beziehung bleibt der Kirchenvater, der erlebt hatte, zu was Menschen fähig sind, die kurzfristige Heilserwartungen als Handlungsanweisungen verstehen, sibyllinisch: Dieses Ereignis werde, so heißt es bei ihm, in den letzten tausend Jahren eintreten, das heißt, im sechsten Jahrtausend, das wie ein sechster Tag sei und das sich jetzt seinem Ende zuneigt; danach werde ein Sabbath kommen, der keinen Abend mehr habe, die Ruhe der Heiligen ohne Ende. Augustinus hat auch seinem Gottesstaat keine präzise Struktur mitgegeben, keine Klasseneinteilung.

„Gerade durch diese Unbestimmtheit, die den individuellen Kräften Raum läßt, tritt er in scharfen Gegensatz sowohl zu den traditionsgebundenen Kulturen wie wir sie kennen als auch der antiken Polis, wie Platon und Aristoteles sie beschreiben. Welchen Lebensstil die Menschen wählen, hat für die Harmonie des Himmelsstaates wenig Bedeutung, wenn sie nur die Gebote Gottes beachten."[19]

Auf den ersten Blick gibt die christliche Heilslehre für unsere vorwiegend politisch akzentuierte, also auf Handlungsmotivation ausgerichtete Betrachtungsweise, wenig her. Dennoch ist sie für die Abfolge der Zeit eminent wichtig geworden: Sie wirkte revolutionär und weltbewegend. Das Christentum nahm die letzten Spuren des Reiches der Cäsaren ebenso in sich auf, wie es Geburtshelfer bei der stürmischen Heraufkunft des Abendlandes war.

## 5. Enttäuschte Naherwartungen - der Chiliasmus

Das Christentum hat drei neue Elemente in die Zukunfts-Debatte gebracht. Es hat - 1.- klargemacht, daß es eine irdische Erfüllung irdischer Wünsche letztlich nicht gibt. Es hatte - 2. - zu erkennen gegeben, daß die ewige Seligkeit, nach der alle als Ausgleich für die Beschwerlichkeiten des irdischen Jammertals strebten, nur in beschränktem Umfang eine Sache des eigenen Verdienstes ist. Denn die Entscheidung darüber blieb immer bei der „Gnadenwahl" Gottes. Und es hatte - 3. - die erste transzendierende Klassengesellschaft geschaffen. Das ist die Klassengesellschaft der Seligen und Erwählten und der Un-Seligen und damit Verdammten. So jedenfalls hatten die einflußreichsten Kirchenväter - unter ihnen Augustinus - die Lehre des Neuen Testaments weitergetragen.

Offen geblieben war und ist bis heute, in welchen erkennbaren Schritten es zum tausendjährigen Reich Jesu, das sich vor das Jüngste Gericht schieben sollte, kommen werde. Diese Unklarheit - auf dem Text der Apokalypse beruhend - war ein Einfallstor für die Unzufriedenheit all derer, die sich mit ihrer Rolle in der wirren Verfalls-Geschichte, die nach dem Fall Roms im Jahre 70 n. Chr. anhub, nicht abfinden wollten.

Bis hin zum 16. Jahrhundert zeigte es sich, daß nicht alle Utopien tatsächlich Utopien sind. Sie können auch zwischen zwei Buchdeckel verirrte Wirklichkeit sein. Oder sie sind Radikalisierungen und Überreaktionen aufgrund von schweren menschlichen Schädigungen, sind der Wunschwelt entlehnt und doch voller erkennbarer realer Anlässe. Dies war der Fall mit den Bewegungen, die man unter dem Oberbegriff des „Chiliasmus" subsumiert. Sie haben in der Zeit von etwa dem 2. Jahrhundert n. Chr., also der Spätantike, bis hin zum 15. Jahrhundert das europäische (gebrauchen wir ruhig einmal diesen Begriff, von dem Oswald Spengler schrieb, er gehöre zu einem „unglaubwürdigen und sinnlosen Schema") Mittelalter weniger geprägt als permanent gestört. Der Glaube, der dahinter steht, ist - so eine Lexikon-Definition - „im engeren Sinn

die Erwartung einer 1000jährigen Erdenherrschaft des wiederkehrenden Christus vor dem Jüngsten Gericht, im weiteren
Sinn das Ringen um ein irdisches Reich vollkommener Befriedigung aller Menschensehnsucht." Vielen Zukunftsbildern
ist solche Zweidimensionalität eigen. Im Chiliasmus wohnt der
„Naherwartung eines totalen Umschwungs" eine ungeheure
soziale Sprengkraft inne. Sie hat sich insbesondere dann entla-
den, wenn sich religiöse Hoffnung und soziale Unterprivilegie-
rung immer weiter auseinanderentwickelten. Dann radikalisierten sich nicht nur die Ansprüche an die Welt; es radikalisierte
sich auch die Glaubensfähigkeit einerseits, die Intoleranz andererseits. Das Denken führt zu radikalem Handeln. „Mit der Un-
erträglichkeit des realen Lebens pflegt auch die Bereitschaft zu
wachsen, selbst die rational unwahrscheinlichsten Verheißungen eines nahen Umschwungs zu vollendetem Wohlsein gläu-
big aufzunehmen und gegebenenfalls fanatisch wahr machen
zu helfen." (Staatslexikon 1958, II/390)
Der Chiliasmus - in vielen einschlägigen Lexika und Stan-
dardwerken als Stichwort nicht auffindbar - hat für eine Beschäftigung mit der Zukunft zweierlei Bedeutung: Er ist die
einzige Möglichkeit für die gequälte Kreatur, sich mit Aussicht
auf Erfolg zu Wort zu melden. Er ist aber zugleich eine Umdeu-
tung des Christentums, wie es sich als monopolistische Staats-
kirche seit dem 4. Jahrhundert immer stärker entwickelt hatte.
In dieser Entartungsform reicht sie beispielhaft bis in unsere
Zeit. Der originäre Chiliasmus, der die schnellstmögliche
Verwirklichung des tausendjährigen Reiches gegen eine etablierte Kirche und deren Kirchenherren zum Ziel hat, ist das
Gefäß, in dem eine „neue Kirche", die vom Volk und nicht
vom Staat getragen wird, aufgehoben ist. So ist der Chiliasmus
ebenso eine Heils- wie eine Verfallslehre.

„Der Verfall ist eine Art Krankheit, die nur durch eine Lei-
denszeit geheilt werden kann. Die neue Gemeinde in Liebe
und Demut braucht kein Dogma und keine Scholastik, sondern nur die Frömmigkeit der Nachfolge Christi."[20]

Der Chiliasmus hatte seine erste Hoch-Zeit vor der Anerkennung der christlichen Kirche durch Konstantin, trat aber nie ganz zurück, wurde schließlich um das Jahr 1000 erneut virulent. Die Erscheinungsformen, die er im 11. und 12. Jahrhundert annahm, waren geprägt vom Bild der Apokalypse. Die Umbrüche, in die die Menschen hineingeboren wurden, waren ihnen nur dadurch erträglich, daß sie sich an die Schreckensbilder der vier apokalyptischen Reiter hielten, die ihnen Armut und Seuchen - die Pest! - brachten. Zugleich überstanden sie ihre Zeit in der Hoffnung auf das kommende Heil und dessen messianischen Träger.

In diesem Sinne ist der Chiliasmus immer die Bewegung der Ketzer, der Non-Konformisten, des Charismatikers als des „neuen Messias" gewesen. Er begründet das kommende Reich nicht aus der Vernunft und nicht aus einer rational begründbaren diesseitigen Ordnung, sondern aus Mystik, Mythos und Irrationalismus. Weil der Erlöser über das irdische Jammertal, so die einfache Argumentation, kommen muß, wird er kommen. So wird das Programm jeglicher sozialrevolutionären Bewegung im Mittelalter auf die Verheißung der Bibel, des Buches der Bücher, gegründet. Und nicht umsonst klagte ein Reformator wie Sebastian Franck (1499 - 1543) bitter über den darin einfließenden Voluntarismus. „Also narret man noch heute, daß jede Sekte Gott zu sich reißt und allein will haben."[21]

Die merkwürdigsten Berechnungen wurden auch später noch angestellt, um zu erfahren, wann es denn „soweit sei". Nikolaus Cusanus bestimmte das Jahr 1452 als das Jahr der Wende, die englischen apokalyptischen Okkultisten das Jahr 1656, andere stützten sich auf die Weissagungen Davids, nach denen die Jahre zwischen 1700 und 1734 die Jahre der Wende sein mußten. Das läßt sich belächeln. Dennoch ist nicht zu bestreiten, daß es gerade diese Art fiktiver Präzision war, die die chiliastischen Bewegungen zur Aktion beflügelte, sie allerdings wieder in sich zusammenfallen ließ, wenn sich der Irrtum herausstellte. Auch dadurch war der Chiliasmus fähig, über viele Jahrhunderte hinweg immer wieder aufzuerstehen. Er war, ist und wird vielleicht eines Tages erneut die Hoffnung der Hoffnungslosen sein. Gescheitert ist er in jedem Einzelfall nicht an seinen Zukunftsgehalten, sondern an der Unmöglichkeit, sein immanent irrationales Denken in die Vernunft zu überführen, seinen Glauben anderen verstehbar zu machen. Und wenn er sich Jahrhunderte später auf den Weg der Organisation machte - wie im Leninismus/Stalinismus - dann wurde er eben der vollendetste Ausdruck dessen, was er bekämpfte: Die Aufbruchsbewegung wurde zur starrsten aller Kirchen.

Es ist diese Mechanik des Chiliasmus, die sich wie ein roter Faden durch die Geschichte der folgenden Jahrhunderte zieht. Schon das frühe Christentum hatte mit der Enttäuschung nicht erfüllter Naherwartungen zu kämpfen. In den Krisenzeiten des Mittelalters brachen die Dämme der orthodoxen Bibelinterpretation; die dabei entstehenden Leerstellen konnten von der offiziellen Kirche nicht gefüllt werden. Daß es nicht des religiösen Untergrundes bedurfte, um ähnliche Mechanismen in vergleichbaren Situationen immer wieder in Gang zu setzen, bewies die Lehre von Karl Marx im 19. Jahrhundert. Von seiner Lehre heißt es, sie sei „in den wirksamsten und handfestesten Chiliasmus umgeschlagen, den es je gegeben hat." Unzweifelhaft sei Marx' Lehre „im tiefsten Sinne säkularisierter Chiliasmus." (Staatslexikon 1958, II/391) Auch für die heutige Betrachtungsweise ist dieser Begriff aktuell geblieben.

Das geweissagte Heil ist, wie wir wissen, nicht eingetreten. Ausbrechende Hoffnungslosigkeit war die Ursache für eine tiefe Orientierungslosigkeit der Menschen, die sich in der Entstehung vieler Sekten niederschlug. Sie war auch das Motiv der Kreuzzüge, dem „Sturmangriff auf das gelobte Land, das ihnen das Abendland vorerst noch verweigerte", sowie einer Fülle von Aufständen zwischen dem Ende des ersten und der Mitte des zweiten Jahrtausends. Am bekanntesten sind die der Hussiten auf dem Berge Tabor (1419) und die der Wiedertäufer in Münster (1534/35) geworden.

„Wieder erscheint das Gelobte Land im Denken des Abendlandes. Es ist nicht mehr nur das Siegel des Bundes zwischen Gott und seinem Volk, sondern der unerschöpfliche Schatz aller Reichtümer dieser Welt - ein Schatz, den man nicht durch Fasten und Gebet, sondern durch Eroberung und Mord gewinnt."[22]

Das war eine aktualistische Säkularisierung mit Mitteln der Gewalt im Zeichen christlicher Symbole.

Die folgende geistige Krise läßt sich als Aufsteigen aus brodelnder Ungewißheit verstehen. Diese Klärung führt die Menschen der beginnenden Renaissance zu einer intensiven, systematischen Beschäftigung mit der Zukunft. Das Klima, in dem das geschieht, hat sich inzwischen verändert. Der Begriff „Renaissance", 1550 von Giorgio Vasari „erfunden", war zuerst dazu gedacht, den Rückgriff auf die Stilformen der Antike zu rechtfertigen - zugleich kommt damit der Mensch zu sich selbst. Gold überschwemmt seit 1500 die Alte Welt, macht die Reichen noch reicher und selbstbewußter und verarmt die Armen. Eine Art vorindustrieller „Industrialisierung" ist zu beobachten. Während sich in den Städten Oberitaliens der Luxus der kirchlichen Aristokratie ausbreitet, wird 1589 eine Strickmaschine erfunden, die zehnmal schneller arbeiten kann als eine Arbeiterin und die von einem zwölfjährigen Kind bedient wird. Lohnarbeit macht sich im Schatten des Humanismus breit. Doch die Renaissance kümmert sich nicht um „das Volk"; sie ist damit beschäftigt, das zu entdecken, was man heute die Wohltaten des „Individualismus" nennt. Der „große" Mensch wird zum Ideal der Oberschicht. Daß die katholische Kirche es nicht verstand, sich der Verzweiflung der Armen anzunehmen, ist der Grund, daß sie fast ein Opfer der protestantischen Reformation wurde. Das damals entstehende Großbürgertum mit seinem Früh-Kapitalismus beginnt, sich seiner Macht über den Adel und den Klerus bewußt zu werden. Zugleich entfremdet es sich dem Volk, das diese Entwicklung nicht versteht und sich seine Messiase, die seine Wünsche zu befriedigen vorgeben, selbst wählt. Thomas Müntzer und die vierzig Sekten der Wiedertäufer erneuern auf ihre Weise die Lehre vom tausendjährigen Reich. Sie verwerfen den Staat, so wie ihn das Volk vorfindet, als eine Einrichtung der Gottlosen. Nie zuvor war die Kluft zwischen der intellektuellen Oberschicht, die sich „Humanisten", also dem Ideal der Menschlichkeit verpflichtet, nannten, und einer Unterschicht, die sich hinter denen sammelte, die ihr das Reich der Gleichheit und des gemeinsamen Besitzes versprachen, so breit wie in den aufgeregten Zeiten zwischen dem 15. und dem 16. Jahrhundert. Die großen Nationalstaaten formieren sich und streifen endgültig die Oberhoheit Roms ab. Die großen Einzelpersonen überlassen in der Politik wie in der Kunst das Volk sich selbst.

## 6. Der Zwang zur Freiheit - die ersten Utopien

Die Geschichte der Zukunft ist von Anfang an mit Topoi, immer wiederkehrenden Mustern und Bildern, durchsetzt, die in ihrer Gesamtheit ein überschaubares Muster menschlicher Denkmöglichkeiten bilden. Dazu gehören Paradies und Goldenes Zeitalter, Schlaraffenland und Kommunismus. Es ändern sich im Laufe der Jahrhunderte vor allem die Träger solcher Bilder. Das konnten Philosophen, Theologen, Religionen und Sekten sein. Einen Neuanfang darf man in der Spätrenaissance im Begriff der „Utopie" sehen. Sie schafft ohne Rückgriff auf die Religion einen neuen Gesellschaftszustand mit dem Ziel, ein neues Leitbild zu formulieren oder die bestehenden Verhältnisse zu korrigieren.

Die erste dieser „Utopien", gleichen Namens übrigens und als solche die Ahnherrin einer ganzen Gattung, erschien als Werk des britischen Theologen und Staatsphilosophen Thomas Morus im Jahre 1516. Es war nicht der erste Idealstaat, der in diesem Jahr das Licht der Welt erblickte. Platon hatte mit seinem „Staat" das große Vorbild geliefert, an dem sich alle maßen. Aber inzwischen waren anderthalbtausend Jahre transzendentaler christlicher Zukunftserwartungen zu verarbeiten. Nun wurde eine Form der literarischen Zukunftsbewältigung geboren, der man später den Beinamen „Staatsroman" gegeben hat. Was war das Neue? „Utopia" lehrte, daß das Glück der Zukunft auf der Erde erreicht werden könne und lieferte die Verfahrensweisen dazu. Der Mensch wurde damit zum Schöpfer seines eigenen Glücks. Es mußten nur die Hindernisse benannt und ausgeschaltet werden, die ihn daran hinderten, den Schritt vom beklagenswerten Jammertal der Gegenwart in die ideale Welt der Zukunft zu tun.

Die ersten Autoren, die diese Renaissance-„Utopien" schufen, waren keine Stubengelehrten - es waren Männer, die inmitten ihrer Zeit standen: Thomas Morus (1478 - 1535), englischer Lordkanzler, wurde wegen seiner religiösen (katholischen) Standhaftigkeit hingerichtet; der calabresische Dominikanermönch Tommaso Campanella (1568 - 1639) saß wegen seiner radikalen Überzeugungen 27 Jahre in, oft kirchlichen, Kerkern, und Francis Bacon (1561 - 1626) mußte in England sein Amt als Lordsiegelbewahrer wegen politischer Intrigen beenden. So zeugen schon die Lebensläufe dieser Autoren davon, daß sie nicht weltfremd, daß die utopischen Staatsentwürfe dieser Zeit nicht nur Hirngespinste waren, sondern daß sie „aus natürlicher Opposition gegen herrschende Zustände und bewußtem Besserungswillen" erwuchsen.

„Die lebendige Gegenwart bietet Beweise genug für die alte Behauptung, daß man aus keinem Ding etwas machen kann, was nicht schon in ihm steckt."

In diesem Falle war es eben der neu erwachte Selbstbehauptungswille des Menschen gegenüber dem bis dahin unerforschlichen Ratschluß Gottes. Es bedurfte nicht mehr der „Goldenen Zeitalter" der Vergangenheit, die Gegenwart bot angesichts ihrer Unruhen Anlaß genug, darüber nachzudenken, wie man zu einem temporären politischen Gleichgewicht gelangen könne. Schließlich waren seit der Erschütterung der Katholischen Kirche und der dadurch ausgelösten europäischen Unruhe durch Luther und Calvin erst wenige Jahrzehnte vergangen.

Alle drei Autoren waren unterschiedlich in ihrer Radikalität und hatten doch ähnliche Erfolgsrezepte anzubieten. Es ist das Paradox, daß das Zeitalter des frühen Individualismus vor allem die Vergesellschaftung des Menschen in unterschiedlichem Grade anzubieten hatte. Nicht ein für allemal, aber für ihre Frühformen wird man sagen dürfen,

„[...] daß die Utopie selbst in der Negierung keineswegs [...] eine Vogel-Strauß-Politik betreibt, ebensowenig aber umgekehrt das Bild eines Wolkenkuckucksheims entwirft, sondern mit Realitäten, die als solche natürlich historisch begründet sind, arbeitet und Forderungen aufstellt, die 'vernünftigerweise' erfüllt werden können."[23]

Die Form solcher Verwurzelung in der Zeit wurde umso interessanter, je mehr man vergleichend etwas von der Geschichte wußte, also seit der Zeit der Aufklärung und des Frühsozialismus.

Auch Thomas Morus schreibt aus seiner Zeit heraus und in seine Zeit hinein. Sein Staatsroman „Utopia" ist deshalb ein Merkstein der Moderne, weil sich die Zukunft zum ersten Mal in christlicher Zeit nicht als eine Dimension des Glaubens, sondern als eine Konstruktion der Vernunft artikuliert. Sein „Utopia" ist zwar nicht lokalisiert, aber eines ist sicher: Es ist nicht im Himmel angesiedelt. „Es stellt eine Antwort auf die Verzweiflung der Erniedrigung dar, vielleicht auch auf die politischen Ambitionen des Bürgertums."[24] Es ist für unseren Zusammenhang nicht im Detail wichtig, wie sich Morus - ebenso wie später Campanella und Bacon - die Konstruktion seines Staates vorstellt. Erwähnt sei nur, erstens, daß sich alle drei Autoren mit Kleinstaaten befassen und zweitens die Liebe zur Geometrie bei ihnen allen wie auch bei späteren frühsozialistischen Nachfolgern eine fast belustigende Bedeutung annimmt. Es scheint fast so zu sein, als versuche man, die Harmonie der Gemeinschaft durch die Harmonie der Wohnstatt zu erzwingen.

Wichtig bleibt vor allem, was Morus mit dem Vor-Bild seines Staates erreichen will. Er ist kein Gottesstaat mehr, aber auch kein Nirwana, in dem die Menschen von Arbeit verschont bleiben. Im Gegenteil: Die Organisation der Arbeit nimmt in ihm einen wichtigen Raum ein. Den Unruhen seiner Zeit bietet er dadurch die Stirn, daß er mit seinem Modell ein für jedermann gerechtes, auf das Gemeinwohl zentriertes Gemeinwesen vorstellt. Utopia ist eine Insel, die sich der Angriffe einer Gegenwelt nicht erwehren muß. Dennoch entstammt sie dieser Gegenwelt. Sie ist deshalb kein luftiger Traum, wie es die Träume vom Schlaraffenland waren, sondern gedacht als ein Vorbild für die Gebildeten und Staatsmänner der Zeit. Sie soll die Sitten ändern und den berechtigten Wünschen des Volkes entgegenkommen. In einer gewissen Weise ist „Utopia" ein Staat, der erst möglich geworden war durch die Entdeckung der „Neuen Welt", seit den Entdeckungen von Columbus und anderer Ende des 15./Anfang des 16. Jahrhunderts. Denn seitdem waren die europäische Gegenwart und Wirklichkeit nicht mehr die einzig denkbare Realität.

Ähnliches gilt für die Voraussetzungen von Campanellas „Sonnenstaat" fast ein Jahrhundert später (1602), formal die wenig überzeugende Nachahmung eines platonischen Dialogs. Auch er ist zwar bemerkenswert durch seinen Kommunismus („Alles bei ihnen ist Gemeinbesitz. Die Verteilung aber liegt in den Händen der Behörden."), mit staatlich verordneter Liebe („Große und schöne Frauen werden wir mit großen und tüchtigen Männern verbinden, dicke Frauen mit mageren Männern und schlanke Frauen mit starkleibigen Männern, damit sie sich erfolgreich ausgleichen."), gemeinschaftlicher Kindererziehung und einer strengen Verstaatlichung jeglichen gesellschaftlichen Lebens. Doch ähnliche Idealvorstellungen sind uns schon in der Antike begegnet. Für den Übertritt in die Moderne ist bezeichnender, daß die Wissenschaft - in einer bei Campanella bis ins Komische radikalisierten Form - für die Gestaltung des Lebens in der Zukunft Bedeutung beansprucht. Der Beistand der Wissenschaft ist die Voraussetzung dafür, daß das Christentum noch einmal aufgerufen werden kann, seinen Auftrag zu erfüllen, zu dem es nach Campanellas Meinung auf die Erde gekommen ist. Die Wissenschaft befreit den Menschen von seinem Unwissen und gibt ihm damit die Möglichkeit, den Sinn seines Daseins zu erfüllen. Campanellas Staat ist formal eine Theokratie. Aber bei Licht besehen liefert er die Grundlage zu einer epochalen Wende, nämlich der vom Cäsaropapismus zum „aufgeklärten" absoluten Herrscher, wie ihn wenige Jahrzehnte später Ludwig XIV. in Frankreich verkörpert.

Noch fundamentaler ist die Bedeutung der Wissenschaft bei Francis Bacon, dessen Werk „Neu-Atlantis" (1620) Fragment geblieben ist. Bei ihm wird der durch die Ergebnisse der Wissenschaft beflügelte Fortschritt - die Züchtung neuer Pflanzen und Tiere, neue Mittel der Fortbewegung in der Luft und unter Wasser - zum eigentlichen Beweggrund seines Zukunftstraumes. Und noch ein neues Denkelement tritt in den Vordergrund: Die Wissenschaft ist nicht nur die Voraussetzung dafür, daß der Mensch seine materiellen Bedürfnisse zunehmend besser befriedigen kann; sie ist überdies dazu da, die Verhältnisse der Gesellschaft zu verändern.

„Sein 'Neu-Atlantis' ist ein Staatswesen, dessen Bestand und Zukunft durch die Unerschütterlichkeit der induktiven und experimentellen Methode der Wissenschaft und die wachsende Fülle ihrer Ergebnisse gesichert werden soll."[25]

Damit sind wir endgültig in *das* Zeitalter eingetreten, das wir das moderne nennen. Die Wissenschaft erlaubt nicht nur - wie die „Staatsromane" zeigen - einen Blick in die Zukunft; sie ist der wirkungsstärkste Teil dieser Zukunft.

Alle drei Autoren wollten also das gleiche: Sie wollten angesichts der selbstzerstörerischen Kämpfe in ihren Staaten den Bauplan einer Gesellschaft ausarbeiten, in dessen ausbalanciertem Gleichgewicht, gleich einem Mobile, die Unruhe der Gesellschaft nicht nur für einen Augenblick, sondern für immer zur Ruhe kam. Es wäre widernatürlich gewesen, wenn sich diese Baupläne nicht in vielen Einzelheiten unterschieden hätten.

Weder die Lebensumstände noch die Charaktere der Verfasser ließen das zu. Das gilt auch für den Aufbau der Werke, so daß man von einer patriarchalischen Freiheit des Wollens und Handelns bei Bacon, von der humanistischen Unabhängigkeit des Intellekts bei Morus und von einer matriarchalischen Liebe zur Gemeinschaft bei Campanella gesprochen hat.

Eines aber sei explizit festgehalten: Was immer von den Autoren kritisch vermerkt wurde, ein Element blieb unangetastet: die Bejahung des Christentums. Keiner von ihnen machte den Versuch, das, was er lehrte, in einen Gegensatz zum überlieferten christlichen Glauben zu bringen. Im Gegenteil: Sie trugen Sorge, dieses Fundament ihres Denkens als ein Element, das außerhalb der Kritik stand, in die Staatsstruktur und die Staatswerdung „ihres" Staates einzufügen. Bei Morus liest sich das so:

„Seitdem [die Bewohner Utopias] von uns den Namen Christi hörten [...], war es kaum glaublich, mit welcher Bereitwilligkeit auch sie sich ihm anschlossen." [...].

„[Ich möchte annehmen], daß [...] der Umstand von nicht geringer Bedeutung war, daß sie gehört hatten, Christus habe den Seinen die gemeinschaftliche [kommunistische] Lebensführung empfohlen, die heute noch in den Kreisen der echtesten Christen üblich ist."

Campanella zieht sich wie folgt aus der Affäre:

„Wahrhaftig! Da [die Bewohner des Sonnenstaates], die nur das Naturgesetz kennen, [...] dem Christentum so nahekommen, entnehme ich diesem Umstand einen starken Beweisgrund, daß die christliche Religion die wahrste von allen ist und die Gewißheit, daß sie, frei von allen Mißbräuchen, die Herrin des ganzen Erdkreises sein wird, wie die großen Theologen lehren und hoffen."

Bacon schließlich läßt in einem eigenen Kapitel „Die Herkunft des Christentums auf der Insel" ein Wunder sprechen. Eine kleine Kiste aus Zedernholz schwimmt nach einer Kreuzeserscheinung unbenetzt auf dem Wasser.

„Nachdem [er] mit höchster Verehrung die Kiste in seinen Kahn gehoben hatte, siehe, da öffnete sie sich von selber, in ihr lagen ein Buch und ein Brief, beide auf makellosem Pergament geschrieben und in sidonisches Leinen gebunden. Das Buch enthielt sämtliche kanonischen Schriften des Alten und des Neuen Testaments, so wie ihr sie habt [...].“

Alle drei Stellen sind Tribute, die der Rechtgläubigkeit zu zahlen waren - von der Sache her drängen sie sich nicht auf.

In dreierlei Form äußert sich damit der Zuwachs an Zukunftsmöglichkeiten:

1. In drei Ausprägungen - am stärksten bei Campanella, dem man überhitzte mönchische Phantasien vorgeworfen hat - werden mehr oder weniger ausgearbeitete Formen des Kommunismus vorgeführt. Wer solchen Utopien nachhängt, kommt zu dem Ergebnis, daß derartige Experimente einer forcierten Gleichheit nicht in einer allumfassenden Mitbestimmung, sondern in einem Kommandostaat enden müssen. Das war schon bei Platon so; das wird bei Rousseau so sein, wo sich der Einzelwille und die Volonté générale, in die sich jeder einzufügen hat, nicht vertragen wollen, und das kann auch Lenin nicht ändern. Die Folgerung drängt sich am Beispiel Campanellas geradezu auf:

„Hier geht die [theoretische] Unterdrückung der individuellen Selbstbestimmung [...] über die Grenzen des Erträglichen hinaus.“[26]

2. An das europäische Großreich, das schon in der Zeit Campanellas mit Karl V. die Welt zu beherrschen begann, wird auch nicht andeutungsweise gedacht. Es sieht fast so aus, als entwickelten die Autoren ihre überschaubaren Kleinreiche noch einmal als Gegenbild zu dem, was sie als Beginn eines europäischen Staaten-Systems bestenfalls erahnten. Man könnte auch daran denken, daß ihre Kleinstaaten deshalb so klein sind,

damit sich keiner ihrer Bewohner der staatlichen Bevormundung entziehen kann. Nehmen wir die Insel „Utopia" des Thomas Morus, dann sieht deren Gliederung so aus: Der Staat darf nicht mehr als 54 Städte haben, die nicht mehr als 6000 Familien beherbergen dürfen, wobei jede Familie nicht mehr als sechzehn und nicht weniger als zehn Mitglieder haben darf. Hier mag Platons Beispiel nachwirken. Doch werden derartige Forderungen more geometrico später auch von den Frühsozialisten erhoben, besonders von Charles Fourier (1772 - 1837). Es hat den Anschein, als sollte sich - wie schon kurz erwähnt - die Ausgewogenheit der Wohnverhältnisse auf die Ausgewogenheit des „Menschenmaterials", das sie beherbergen, auswirken. So gesehen hat Lewis Mumford, der große Theoretiker der Stadt, möglicherweise recht, wenn er bemerkt, es sei den Staatsromanen des 16. und 17. Jahrhunderts gar nicht so sehr auf die Mittel, sondern auf das Ziel (der menschlichen Vervollkommnung) angekommen.

3. Betrachtet man einen weiteren Punkt genauer, dann wird man sagen können: Mittel und Zweck standen gleichberechtigt nebeneinander.

„Der Städtebau steht in diesen Utopien in engem Zusammenhang mit sehr bestimmten politischen Strukturen, die an das berufsständische Kastensystem der Politeia erinnern. Der Klassenkampf, dem die chiliastischen Bewegungen präludieren, ist ebenso ausgeschaltet wie jeder Haß der Armen auf die Reichen."

In diesem Zusammenhang gewinnt auch eine Äußerung über Campanella an Bedeutung:

„Die Befreiung des Menschen durch die Wissenschaft wird bald im Denken der abendländischen Welt den Rang einer zweiten Erlösung annehmen."[27]

Das heißt nichts anderes als dies: In den so weit vom Denken der Aufklärung entfernt scheinenden Gedanken der utopischen Staatsromane kündigt sich die Vernunft der Aufklärung an.

Schon haben wir die Elemente all dessen, was für die Geschichte der Zukunft eine Rolle spielen wird, vor uns: Die Herrschaft der Vernunft, die Forderung nach Gleichberechtigung im Sozialismus und die Rolle der Wissenschaften in der Neuzeit. Was bis in unsere Zeit fehlen wird, das ist der tiefe Pessimismus der späten Moderne und der Jetztzeit.

### 7. Die Erfindung des Fortschritts: Aufklärung

Die frühen Utopien machen deutlich, daß es der *Raum* war, der für die Herausarbeitung der Zukunft die entscheidende Rolle spielte. Das gilt auch noch für die Utopien des 16. und beginnenden 17. Jahrhunderts. Inseln waren die Räume, auf denen die klar umgrenzten Städte ihre Bleibe fanden. In den Maßen des Lebensraumes fanden die Menschen ihren mehr oder weniger unveränderbaren Platz. Denn auch das gehörte zu den Eigenheiten: Eine Entwicklung war in den gedachten Staatsgebilden noch nicht vorgesehen. Sie hatten ihre Idealgestalt mit ihrer Anfangsgestalt erreicht. Dies vor allem unterscheidet die Zeit *vor* der Aufklärung von der Zeit der Aufklärung selbst, dieser von Frankreich ausgehenden geistesgeschichtlichen Epoche zwischen dem Ende des 17. bis zum Ende des 18. Jahrhunderts (doch in ihrer Auswirkung weit darüber hinausgehend). Mit den Begriffen der Entwicklung und Evolution veränderte sich auch das Medium, in dem sich das neue Denken offenbarte. An die Stelle des unveränderlichen Raumes trat das veränderliche Konstruktions-Element der Zukunft. Die menschliche Entwicklung verflüssigte sich. Nicht das Sein definierte mehr die menschliche Existenz, sondern das Werden. So kann der Aufklärer Baron Holbach sagen:"L'homme est une production faite dans le temps." - ('Der Mensch ist ein Produkt, das in der Zeit entsteht'.) Und der moderne Theoretiker bemerkt:

„Die Berücksichtigung des Zeitaspekts [...] bildet eine entscheidende Neuheit des entstehenden Evolutionskonzeptes."[28]

Eigentlich wäre schon das 17. Jahrhundert so weit gewesen, die Kluft, die sich zwischen den denkbaren Möglichkeiten und der Realität auftat, im aufklärerischen Sinne zu erweitern. Man hätte dem Skeptizismus, von dem die Welt ergriffen wurde, durchaus allgemeinen Ausdruck verleihen können. Daß dies nicht geschah, war vor allem dem Aufkommen der absoluten Monarchie zu verdanken. Sie hat es verhindert, den letzten Schritt in die unbegrenzte Formbarkeit der Zukunft zu tun. Die absoluten Herrscher haben utopische Entwürfe nur so lange zugelassen, wie sie nicht von dieser Welt waren oder ein irdisches Glück außerhalb der von ihnen beherrschten Welt ansteuerten. So wird die Realität einer - wie dargestellt - nicht zu erschütternden geistig-politischen Wirklichkeit in zeitentrückte Fernen verlegt oder als Reisen in Reiche des Unmöglichen verkleidet. Dies alles nur deshalb, damit die Herren dieser Welt nicht auf den Gedanken kamen, hier werde unter dem Vorwand „Utopie" an den bestehenden Verhältnissen gerüttelt.

Man mußte also einen Schritt weitergehen, um auch in den Zukunftsentwürfen dem Rationalismus zu entsprechen, mit dem sich die Aufklärung brüstete. James Harrington (1611 - 1677) wagt 1656 mit seiner „Oceana" (in einer Zeit, in der in England die „Levellers" nicht nur ein allgemeines Wahlrecht fordern, sondern die Überführung von herrenlosen Gütern der Monarchen und Feudalherren in Gemeinbesitz) den entscheidenden Schritt: Er erfindet ein „Commonwealth", einen Staat, in dem man bereit ist, dem Volk die Gedanken der Aufklärung nahe zu bringen, aber nicht mehr nur auf friedlichem Wege - und sei es durch staatliche Zwangserziehung - sondern durch den Zwang der Waffen. Der Skeptizismus, von dem die Aufklärung durchdrungen ist - „Der Skeptizismus ist der erste Schritt zur Wahrheit" (Diderot) - wird aktionistisch und endet schließlich in Gewalt.

Mit dem 18. Jahrhundert dringt langsam ein Zukunfts-Begriff in den politischen Sprachschatz ein, der die folgenden Jahrhunderte dominieren wird: Zukunft durch Revolution. Seitdem stellt sich immer wieder das Problem: Wie kann eine Gesellschaft, in der unentrinnbar der Einzelne wie das Ganze Industrie und Technik zugeordnet sind, eine Ethik entwickeln, deren Denkergebnis allen Menschen gleichermaßen zugutekommt und die dennoch nicht auf Gewalt aufgebaut ist?

Zum letzten Male wird in diesem Jahrhundert ein Rezept darin gefunden, daß man die Zahl der Wissenden beschränkt, die Philosophen-Könige als diejenigen präsentiert, die fähig sind, das Wohl aller zu bedenken. Der aufgeklärte Mensch wird geboren. „Die Gegenwart geht mit der Zukunft schwanger", formulierte Leibnitz, der letzte Universalgelehrte, den Glauben seiner Zeit. Eine Zeitlang liegt die Zukunft noch im Bereich der Herrschaft der überwertigen Wenigen. Doch wird diese Hoffnung nicht mehr in der Form der Utopie präsentiert. Sie ist erreichbar, wenn man nur der Weisheit des Herrschers und der ökonomischen Kompetenz des aufstrebenden Mittelstandes folgt.

Der Rückschritt in die Vergangenheit wird von nun an unmöglich, weil der beginnende Historismus ein Gefühl dafür vermittelt, daß keine Zeit der anderen gleicht und ein Rückschritt in die Vergangenheit bedeutet hätte, daß man bereit gewesen wäre, viele Fortschrittsgedanken schlichtweg zu ignorieren. Gerade das 18. Jahrhundert ist voll davon. Alles Denken wird mit Wissenschaft in der Form von Mechanik und Materialismus (L'homme machine) derart identifiziert, daß der französische Aufklärer und Schriftsteller Louis Sébastien Mercier (1740 - 1814) die Aussage wagt:" Das Fernrohr ist die moralische Kanone, die allen Aberglauben [...] niedergeschmettert hat." Dahinter steht die Überzeugung, daß man das, was man sehe, nicht mehr glauben müsse.

Entscheidend werden die Denkvorstellungen des späten 18. Jahrhunderts von den Ereignissen der Amerikanischen und der Französischen Revolution geprägt. Sie behaupten nicht nur, sondern stellen vor Augen, daß die unanfechtbare gottgegebene Herrschaft ein Restbestand der Vergangenheit ist. Auch demonstrieren sie, daß die Zukunft in dem Sinne „flüssig" geworden ist, daß neue politische Welten nicht nur denkbar, sondern machbar geworden sind.

Die Erwartungen richten sich nunmehr darauf, die Zukunft als Verlängerung oder als Veränderung der Gegenwart zu interpretieren. Wie die Entdeckung neuer geographischer Welten neue Formen politischer Gesellung erkennbar machte, so werden nunmehr - wie der „edle Wilde" - neue Menschenbilder präsentiert, die das abendländische Menschenbild ergänzen und auch revidieren. Vor allem aber machen die beiden Revolutionen zu etwas bisher nicht Dagewesenem fähig: zum generellen Widerspruch aller (nicht nur einer intellektuellen Elite) gegen alles. Satz und Gegen-Satz können von nun an frei geäußert werden. Und auch das Zukunfts-Denken wird damit von den Beschränkungen befreit, die es bisher noch einengten. Der Satz: "Der Mensch ist für das Glück geboren, aber überall unglücklich" wird nicht mehr philosophisch interpretiert, sondern als Aufforderung verstanden, diesem existentiellen Zustand ein Ende zu bereiten. Konsequent weitergedacht, führt er dazu, neue Ordnungen nicht mehr nur zu denken, sondern sich aktiv an ihrem Aufbau zu beteiligen.

Ebenso epochemachend war es, daß sich die Auffassung vom gesellschaftlichen Sinn der Arbeit veränderte. Schon bei Morus und Campanella war sie nicht mehr nur ein Mittel gewesen, den Müßiggang zu sichern. Doch nun überwiegt die Überzeugung, daß nur *die* Gesellschaft sich ihren Wohlstand erhalten könne, in der jeder einzelne dazu beiträgt, die Bedürfnisbefriedigung durch seinen eigenen Anteil an Arbeit zu sichern. Statt Theologie, Politologie und Staatsrecht wird die Ökonomie - von Adam Smith (1723 - 1790) bis Jean Bastien Say (1776 - 1823) - die neue Wissenschaft, in der sich die Gegenwart erkennt und von deren Einsichten man eine bessere Zukunft erhofft. Nicht die Stabilität, sondern Evolution und Vitalität sind die Kategorien, in denen sich die Zukunft wiederfindet. Neben die Vernunft tritt das Wachstum als Garant der Zukunftssicherung. Nunmehr geht es darum, die Voraussetzungen zu schaffen, unter denen jeder, der guten Willens ist, ungehindert seinen Teil für das Gedeihen des Ganzen produzieren kann. Die Zukunft wird dadurch gesichert, daß sich jeder einzelne nicht mehr um moralische, sondern um wirtschaftliche Vervollkommnung bemüht.

So hat sich der Inhalt des Fortschritts-Mythos der Aufklärung, der mit dem Glauben an die Herrschaft der Vernunft begann, Ende des 18./ Anfang des 19. Jahrhunderts zum Glauben an die Herrschaft des Menschen über die Welt mittels wirtschaftlicher Macht vergröbert. Die unerschütterliche Grundlage dieses Glaubens ist die Erwartung, daß sich die Produktionskräfte in naher Zukunft so entwickelten, daß das Ziel in unmittelbarer Nähe sei. Es ist ein Mythos, der sich bis in die erste Hälfte unseres Jahrhunderts gehalten hat...

Zunehmend wird angesichts des Frühkapitalismus mit der folgenden Verelendung breiter Massen die Rolle reflektiert, die in diesem heilen Tableau diejenigen spielen, die Herren der mächtigen Produktionskräfte sind - aber von ihnen keinen humanen Gebrauch machen. Die Namen, derer in diesem Zusammenhang zu gedenken ist, sind die von Robert Owen (1771 - 1858), Claude Henri de Saint-Simon (1760 - 1825), Auguste Comte (1798 - 1857), aber auch die Frühsozialisten von Wilhelm Weitling (1808 - 1871) bis Charles Fourier (1772 - 1837). Ganz oben steht natürlich Karl Marx (1818 - 1883), der aus dem utopischen Sozialismus als Zukunftslehre eine wissenschaftliche Disziplin, die des dialektischen und historischen Materialismus, formte. Sein historischer Determinismus, der zugleich Höhepunkt und Ende des Glaubens war, die Zukunft wissenschaftlich beherrschen zu können, wird im nächsten Kapitel zu behandeln sein.

Ein für allemal hat der Futurismus Einzug gehalten in das politische Denken. Er dekretiert ein Leben um der Zukunft willen. Weder die Formen noch die Inhalte des neuen Denkens lassen ein Schielen nach der Vergangenheit als der Quelle möglichen menschlichen Glücks zu. Die als große Fortschritts-Maschine gedachte Geschichte ergreift die Geister. Dann deckt die Realität der gnadenlos gewordenen Industriewelt andere mögliche Zukünfte zu. Jeder Bezug auf Endzeiten, die das Menschliche transzendieren, wird aufgegeben. Die Menschheit verläßt sich auf sich selbst, um zu ihrem Glück zu gelangen. Sie ist nicht mehr nur Herrin dieser Welt, sondern auch aller zukünftigen Welten. Die Welt der Gleichen, in der Gegenwart nicht erreichbar, ist das Zukunftsbild, auf das alles zusteuert.

## 8. Die Gesetzmäßigkeit der Zukunft: Der Marxismus

Eine Geschichte der Zukunft läßt sich als die Abfolge von Denkmustern darstellen: vom Mythos über die Utopie zur Theorie und zum Gesetz. Dabei ist im Auge zu behalten, daß mit einem neuen Kapitel das alte nicht aufgehoben ist, sondern aufbewahrt bleibt. Das letzte geschichtliche Stadium erreicht diese Abfolge mit Karl Marx und dem nach ihm benannten Marxismus. In ihm wird die Zukunft zu einem Käfig, aus dem niemand mehr ausbrechen kann, der die „Gesetz-mäßigkeit" der Geschichte erkannt hat. Der Marxismus versteht sich als Erkenntnislehre, als ein wissenschaftliches System, nicht als eine Ansammlung von Werturteilen über die Erscheinungsformen einer geschichtlichen Phase. Das Individuum ist im System des „dialektischen Materialismus" nicht mehr und nicht weniger als der Träger geschichtlicher Wahrheit. Nur wer das akzeptiert, findet sich damit ab, daß es innerhalb des „wissenschaftlichen Sozialismus" von „Gesetzen" und wissenschaftlichen Theorien nur so wimmelt: Die Mehrwerttheorie führt zum Gesetz von der Akkumulation des Kapitals. Die Ausbeutungstheorie führt zur Krisentheorie und beide zusammen zur Verelendungstheorie. Zusammen mit der „Selbstentfremdung" des Menschen, die ihm von den „Produktionsverhältnissen", d.h. von den materiellen Lebensbedingungen, aufgezwungen wird, bilden u.a. diese Begriffe das Skelett einer diesseitigen marxistischen „Religion".

In unserem speziellen Zusammenhang ist ein weiterführender Schritt von Bedeutung. Die - wenn man so sagen darf - Verdiesheitlichung der Anthropologie, die in dem Satz gipfelt, „daß der Mensch das höchste Wesen für den Menschen ist", führt ohne jeden Gedankensprung zu der Konsequenz, daß keine Theorie etwas wert sei, die nicht in der Praxis ende. Die Aufklärer hatten in dieser Beziehung vorgearbeitet. Ihr intellektueller Anthropozentrismus - „Habe den Mut, Dich Deines Verstandes zu bedienen" (Kant) - leitete alle Erkenntnis aus der Erfahrung ab und schloß damit jede Metaphysik und jede Offenbarung aus ihrem System aus. Die Aufklärer unterstellten, daß vernunftgemäßes Denken und sittliches Tun wie Zwillinge zusammengehörten, daß also dem Erkennen stets das Tun folgen müsse. Der Marxismus akzentuierte diesen Aktionismus, weil er behauptete, allein der Mensch sei der Urheber seiner Geschichte.

„Alles Gesellschaftliche ist wesentlich praktisch [...]. Alle Mysterien, welche die Theorie zum Mystizismus veranlassen, finden ihre rationelle Lösung in der Praxis."

Wenn Geschichte als Praxis begriffen wird, wenn die herrschenden Produktionsverhältnisse als die Ursache jeglichen menschlichen Elends begriffen werden, dann kann es für den, der das eingesehen hat, nur ein Ziel geben, und das ist: „Alle Verhältnisse umzuwerfen." So zwingen die materiellen Lebensverhältnisse des 19. Jahrhunderts Karl Marx dazu, eine ausschließlich innerweltliche Revolutionstheorie auszuarbeiten.

Nicht zum letzten Mal, aber in dieser absoluten Form einmalig geblieben, ist der „klassische" Marxismus die reine revolutionäre Widerspiegelung der realen Verhältnisse, in die hinein er gedacht wurde. Während die Frühsozialisten - von Marx verachtet, weil sie an menschliche Spontaneität und nicht an geschichtliche Gesetze glaubten - noch die Verhältnisse der frühen Industrialisierung widerspiegelten, empfindet Marx das, was sich unter seinen Augen in Großbritannien ereignet, als die entfaltete Ausprägung eines Systems, das dem Untergang geweiht war: des Kapitalismus. Er hatte erlebt, wie die Überproduktion in Großbritannien angesichts des produzierten Mehrwerts, dem nicht genügend Kaufkraft gegenüberstand, zu Krisen führte, in denen die Verelendung der lohnabhängigen Massen, deren Zahl immer größer wurde - („Die proletarische Bewegung ist die selbständige Bewegung der ungeheuren Mehrzahl im Interesse der ungeheuren Mehrzahl") - eine revolutionäre Situation schuf. Auch vollzog sich unter seinen Augen der Konzentrationsprozeß des Kapitals. Er setzte Arbeitskräfte frei und schuf damit die Voraussetzung für die erhoffte geschichtliche Umwälzung. („Die große Industrie [...] produziert vor allem ihre eigenen Totengräber. Ihr Untergang und der Sieg des Proletariates sind gleich unvermeidlich.")

Die Revolution der Zukunft, die zur Erhebung des Proletariates zur herrschenden Klasse und - da sie die „ungeheure Mehrzahl" verkörpert - zur Demokratie führt, ist nicht Ziel an sich. Das eigentliche Ziel ist die Abschaffung der Klassenkämpfe als dem bisherigen Gesetz der Geschichte durch die freie „Assoziierung" der Individuen. Und da staatliche Macht nichts anderes ist als die „organisierte Gewalt" einer Klasse zur Unterdrückung aller anderen, führt sie auch zur Abschaffung des Staates als Zwangsinstrument. Damit kommt die Geschichte zur Ruhe. Die Freiheit des Menschen ist endlich erreicht, da er, klassenlos wie er nun lebt, von den Angehörigen anderer Klassen nicht mehr unterdrückt, „ausgebeutet", werden kann. So ist dies das Credo von Marx:" Wir kennen nur eine einzige Wissenschaft, die Wissenschaft von der Geschichte."

Erstaunlich ist es, daß in einer solchen Philosophie der Praxis die konkreten Lebensverhältnisse des zukünftigen Menschen, gerade weil er nun in einer statischen, da vernunftgemäßen Welt, lebt, nur wenig Platz beim Urheber des Marxismus (und auch bei seinen Nachfolgern) gefunden haben. Diese zukünftigen Lebensverhältnisse, deren Ausgestaltung vom Goldenen Zeitalter über die Staatsromane der Renaissance bis zu den Entwürfen der Frühsozialisten eine so große Rolle spielen, nehmen bei den Marxisten nur geringen Raum ein. Nicht, weil sie so ausdrucksstark hervortreten, sondern weil sie so dünn gesät sind, finden die entsprechenden Stellen eine solche Beachtung, daß die Gefahr der Langeweile bei immer wiederkehrender Zitation nicht ausbleibt.

Eines war allerdings immer klar: Die sozialistische Gesellschaft ist klassenlos und damit auch konfliktlos. Das Millennium des Urchristentums ist in neuer „materialistischer" Gestalt durch den Marxismus wissenschaftlich voraussagbar geworden. Der „Lebensstil" des einzelnen allerdings, der vom Reich der Notwendigkeit in das Reich der Freiheit geworfen wurde, unterscheidet sich in der Substanz nicht wesentlich von dem, was schon Antike und Mittelalter der nach Entlastung dürstenden Seele geboten haben. Relativ neu ist zwar die Behauptung, daß nur Arbeit Wert schafft. Aber was mit den zu schaffenden Werten angefangen werden soll, deutet darauf hin, daß Marx viel von Ökonomie und Philosophie, doch wenig von Psychologie und Anthropologie verstand. Belassen wir es, um seinem Zukunfts-Ideal menschlichen Zusammenlebens einen konkreten Umriß zu geben, bei einigen Hinweisen. Sie sind deshalb von Bedeutung, weil sie klar machen, daß nicht ein „neuer Mensch" die neuen Arbeitsbedingungen schafft, sondern daß die neuen, kommunistischen Arbeitsbedingungen den „neuen Menschen" hervorrufen. So wird der Mensch, als Herr seines Schicksals vorgestellt, in Wahrheit zur ausschließlichen Funktion der Organisation von Arbeit, zuerst der Sklave des Kapitalismus, dann der „Assoziation" freier, nicht mehr der Arbeitsteilung unterworfener Menschen. In den Werken von Marx liest sich das so:

„Der gemeinsame Betrieb der Produktion durch die ganze Gesellschaft und die daraus folgende Entwicklung [wird] ganz anderer Menschen bedürfen und sie auch erzeugen [...]. Die gemeinsam und planmäßig betriebene Industrie setzt [...] Menschen voraus, deren Anlagen nach allen Seiten hin entwickelt sind [...]. Auf diese Weise wird die kommunistisch organisierte Gesellschaft ihren Mitgliedern Gelegenheit geben, ihre allseitig entwickelten Anlagen allseitig zu betätigen. Damit aber verschwinden notwendig auch die verschiedenen

Klassen [...]. In einer höheren Phase der kommunistischen Gesellschaft [...] - nachdem mit der allseitigen Entwicklung der Individuen auch ihre Produktivkräfte wachsen und alle Springquellen des genossenschaftlichen Reichtums voller fließen - kann [...] die Gesellschaft auf ihre Fahnen schreiben: Jeder nach seinen Fähigkeiten, jedem nach seinen Bedürfnissen."

Somit ist schon auf Erden aus dem menschlichen Reich der Notwendigkeit ein Reich der absoluten Freiheit geworden. Es ist Unsinn, wenn der Marxismus behauptet, in ihm komme die Geschichte zur Ruhe, weil sie das Proletariat als letzter Klasse ihres Gegenparts beraube. Dennoch spielt der Marxsche „Marxismus" in der Geschichte der Zukunftserwartungen eine besondere Rolle: Er vereinigt in sich alle Strömungen des Futurismus bis zum Anfang des 20. Jahrhunderts, weil er sich als dessen letzter Vertreter ausgibt. Also wird auch die revolutionäre Strömung, die unter dem Begriff des Chiliasmus Jahrhunderte beunruhigt hat, zum Stillstand kommen. Denn die Naherwartung der Zukunft bleibt keine Erwartung mehr, sondern wird Realität. Von den vielfältigen Aspekten des Marxismus - seiner Philosophie, Ideologie, Soziologie, Ökonomie, Politik - interessiert zuguterletzt ein weiterer Aspekt: Nicht die zeitlose Utopie, sondern die „reale Utopie", um mit Ernst Bloch (1885 - 1977) zu sprechen. In ihr wird Utopie Realität. Damit verliert sie den Bezug zur Zukunft.

Die intellektuelle Struktur des Marxismus noch einmal in voller Breite zu erörtern, ist hier nicht notwendig, da sich ihre Zukunftsprojektionen und -prognosen als falsch erwiesen haben. Dennoch sollten sie nicht ganz übergangen werden, da sie in ihren Grundsätzen tatsächlich humanistisch und (trotz ihres materialistischen Anspruches) auch idealistisch begründet waren. Der Marxismus stellte einen Abschluß insofern dar, als er das letzte umfassend ideologisch begründete Zukunftsbild lieferte. Dies selbst dann, wenn man feststellen muß, daß er Gefangener eines Mythos blieb: Gefangener nämlich des Mythos von der Machbarkeit der Zukunft. Er nannte sich zwar wissenschaftlich, aber auf der Grundlage des unwissenschaftlichsten Theorems der Neuzeit: der Dialektik. Gerade weil der Anspruch so umfassend war, wirkte sein Auftreten in der Welt so ernüchternd. Es ging nicht einher mit Aufbruch und Erneuerung, sondern - eigentlich auf das Verschwinden des Staates als Unterdrückungsinstrument hin konzipiert - mit einer Realität des Staates von totalitärem Charakter. Es erwies sich, daß die freiheitlichsten Träume mit der Realität eines Lebens in Ketten enden. So hat Marx nicht nur den Idealismus Hegels vom Kopf auf die Füße gestellt - nicht die Ideen sind die Basis der Realität, sondern die Produktionsbedingungen Schöpfer der Ideen - er hat auch der verachteten Religion in ihrer materialistischen Form den Rang einer Metaphysik wiedergegeben. Das gilt zumindest für den Totalitätsanspruch, mit dem er die politische Bühne betrat und verließ.

## 9. Ein Transitorium: Verzweiflung statt Fortschritt

Mehr als zweitausend Jahre lang war die Zukunft des Menschen vor allem ein Ruheraum, in den er sich zurückziehen konnte, wenn ihn die Verzweiflung an der Gegenwart übermannte, ein Ruheraum für seinen Intellekt, ein Ruheraum für seine Lebensängste, ein Ruheraum für seine inneren und äußeren Kämpfe. Zuweilen reichten - die Griechen und die Germanen dachten dergleichen - die Kämpfe auf der Erde bis in den Götterhimmel. Die Menschen irritierte das nicht. Im Gegenteil: Dadurch, daß sie ihre Götter mit menschlichen Accessoires ausstatteten, wurde die Wahrscheinlichkeit größer, daß die Götter auf eine für sie verständliche Weise agierten und reagierten. Da die vorausgegangenen Anmerkungen den Mitteln und den Zielen gewidmet waren, mittels derer und um deretwillen sich der Mensch eine Zukunft erträumte, erdachte, konstruierte, brauchen die Einzelheiten nicht noch einmal aufgeblättert zu

60

werden, bevor wir den krassen Abbruch schildern, der darauf folgte.

So sei nur eines festgehalten: Die Zukunft war während anderthalb Jahrtausenden das Werk unkontrollierbarer Mächte, die man sich bestenfalls gewogen machen konnte. Dann begann der Umbruch. Mit der Renaissance wurde der europäische Mensch sich seines individuellen Ranges bewußt. Der Humanismus stellte den Menschen in den Mittelpunkt seines Interesses wie seines Universums. Der Backlash blieb zwar nicht aus: Mit dem Aufkommen des Nationalismus übertrug man noch einmal die Sorge um das Wohlsein der Welt „aufgeklärten" Herrschern, die immerhin ihre Autorität noch von dem Auftrag eines persönlichen Gottes entlehnten. Dann wurden die folgenden zwei Jahrhunderte von dem großen Versuch dominiert, den Menschen zu demonstrieren, daß niemand vom Fortschritt ausgeklammert werden dürfe. Schließlich sei jeder Herr über seine Vernunft und damit seines persönlichen Schicksals. Weil der Mensch der Herr des Geschehens auf Erden sei, könne er selbst zum Herrn der Geschichte werden. Dies erstmals glaubhaft gemacht zu haben, ist das Verdienst der Aufklärung. Sie bereitete nicht nur auf die Zukunft als menschliche *Création* vor; in ihr kristallisierte sich auch die Überzeugung, daß die Zukunft immer besser werden müsse, weil auch der Mensch immer besser werde und deshalb auch seine Werke in toto gar nicht anders sein könnten. Letzte Zuspitzung fand die Lehre eines möglichen Paradieses auf Erden im konsequent materialistischen Karl Marx und seinen Nachfolgern.

Die Aufklärung beherrschte als Ideologie das 18. Jahrhundert, ihr illegaler Abkömmling, der Sozialismus marxistischer Prägung, das 19. und beginnende 20. Jahrhundert. Doch hatte die Aufklärung für das Leben der einzelnen wie der Staaten andere Auswirkungen, als es sich deren Vertreter erträumt hatten. Zwar wurde sie die Grundlage für Wissenschaft und Technik, die sich mit einer Dynamik entwickelten, wie sie im 17. Jahrhundert noch nicht vorauszusehen war. Aber weder der „Weltfriede" Immanuel Kants sprang dabei heraus noch jene Harmonie gesellschaftlicher Existenz, wie sie von den liberalen Nationalökonomen unter Anleitung Adam Smiths vorausgesagt worden war. Im Gegenteil: Das 19. Jahrhundert wurde dominiert von den Machtmanifestationen und Verteilungskriegen der europäischen Großmächte, durch zunehmende gesellschaftliche Spannungen angesichts von Armut und Ungleichheit als Effekt der Industrialisierung, dazu von der Inbesitznahme außereuropäischer Territorien durch Europa. Die kosmopolitische Zielsetzung der Aufklärung bekam einen Sprung. Sie bestand in der Usurpation der Welt durch den „weißen Mann"; es war eben sein globales „manifest destiny", die Welt zu beherrschen. Wenn es eine Zukunft gab, dann wurde sie als Zukunft des „alten" Kontinents und seines „neuen" Zwillingsbruders, der Vereinigten Staaten von Nordamerika, interpretiert. Sprach man mit positivem Unterton von „Imperialismus", dann war dies der Imperialismus der atlantischen Großmächte.

Dieser eurozentristische Optimismus ist durch den Ersten Weltkrieg jäh verloren gegangen. Eine für die Mehrheit der Menschen bis dahin unfaßbare Entwicklung trat ein: Der Glaube an die Stetigkeit, die glückbringende Funktion des Fortschritts, verwandelte sich in unheilbaren Zweifel. Die moderne Technik als auffallendste und fortgeschrittenste Manifestation des sich frei entfaltenden Menschen war - so zeigte es sich - nicht nur fähig, die Lebenschancen von immer mehr Menschen zu verbessern. Sie war ebenso in der Lage, die Mittel für die Vernichtung einer bis dahin unfaßbaren Anzahl von Menschen zur Verfügung zu stellen. Dazu stürzte sie die Menschen in kriegerische Krisen, die den Optimismus als Lebensgefühl erst störten, dann zerstörten.

Nach dem Ersten Weltkrieg setzten sich die Nachdenklichen zuerst einmal daran, die Ursachen für diese Katastrophe zu erkunden, anstatt sich mit einer immer besseren Zukunft zu befassen. Heute weithin nur noch als literarische Manifestation eines gebildeten Autodidakten gewürdigt, ist Spenglers „Untergang des Abendlandes" in Wahrheit nicht mehr und nicht weniger als der zugespitzteste Ausdruck eines europäischen Krisenbewußtseins, das sich des „Typus einer Zeitwende" bemächtigte. Spengler versucht eine Synopse der „Großen Krise", als deren Zeichen er nennt:

„Den Niedergang der Kunst, den wachsenden Zweifel am Werte der Wissenschaft; die schweren Fragen, welche aus dem Sieg der Weltstadt über das Bauerntum hervorgehen: die Kinderlosigkeit, die Landflucht; den sozialen Rang des fluktuierenden vierten Standes; die Krisis im Materialismus, im Sozialismus, im Parlamentarismus; die Stellung des einzelnen zum Staat, das Eigentumsproblem, das davon abhängende Eheproblem [...]. Fragen, die alle das *eine*, nie mit hinreichender Deutlichkeit ins Bewußtsein tretende Rätsel der Historie überhaupt zum Ziel hatten."[29]

Machen nicht viele dieser Stichworte auch heute noch einen Sinn für diejenigen, die nach der Signatur der Zeit suchen, ohne dem Spenglerschen Determinismus etwas abgewinnen zu können?

In der Zwischenkriegszeit waren es auf liberaler Seite vor allem pazifistische Strömungen, die auf einen Weltstaat zielten, weil sie den Nationalstaaten die Alleinschuld für das gaben, was geschehen war. Weltstaatsideen vom Völkerbund bis zur UN haben auch den Zweiten Weltkrieg überlebt. Die Sozialisten blieben ihrem ökonomischen Mythos treu und verewigten die Alleinschuld des - nun schon -„Spätkapitalismus". Die nicht eben anregende Entwicklung in der Sowjetunion, des „Vaterlandes aller Werktätigen", konnte von denen, die unbedingt glauben wollten, erst einmal damit abgetan werden, daß ein „eingekreister" sozialistischer Staat nicht dazu fähig sei, das zu tun, was er eigentlich tun wolle.

Der technische Fortschritt allerdings, einmal auf die Schienen der Geschichte gehoben, kümmerte sich weder um die Ächtung des Nationalstaates noch um die Mythisierung des Sozialismus. Er entwickelte Waffen, die im globalen Existenzkampf der politischen Systeme die Entscheidung erzwangen. Der gleißende Schein der Atombomben über Hiroshima und Nagasaki kündigte nach 1945 tatsächlich ein neues Zeitalter an: Nicht nur waren die Menschen fähig, bisher unvorstellbare Naturkräfte erst zu entbinden, dann zu zähmen. Von nun an waren sie auch in der Lage, nicht mehr nur einander entgegenstehende Staaten, politische Systeme und Machtzusammenballungen zu vernichten. Die Menschheit war fähig, sich selbst zu vernichten. Es blieb noch abzuwarten, ob sie es auch tun wollte.

So wird die Zeit seit 1945 von einer vierfachen Krise heimgesucht, die sich zu einer umfassenden Sinnkrise ausweitet:

1. Sie lebt in der beständigen Angst, Hiroshima und Nagasaki könne sich wiederholen. Niemand vermochte bisher einen Garantieschein zu geben, daß dies nicht der Fall sein werde.

2. Die nationalen Probleme globalisieren sich. Die Schere zwischen arm und reich öffnet sich nicht nur in den Staaten; sie öffnet sich zwischen den Kontinenten.

3. Die Welt wird endlich nach allen Richtungen hin - obwohl sich der Kosmos öffnet. Menschlich produzierte Vergiftungsphänomene werden immer häufiger. Die Lebensgrundlagen der Menschen reduzieren sich; zugleich wird die Zahl der Menschen immer größer.

4. Der Vorrat an transzendentalen Rettungsmöglichkeiten scheint aufgebraucht. Zu ihnen finden nur noch wenige. So schützen sich die einen durch Wegsehen, die anderen durch Gewöhnung an schwärzesten Pessimismus. Die Intoleranz totalitärer Ideologien wird ersetzt durch mathematische Modelle und Szenarien, aus deren Ergebnissen es - angeblich - kein Entrinnen mehr gibt. Die große Katastrophe ist daher seit 1945 angesagt.

10. Soma und Gedankenpolizei - die Begegnung der Phantasie
    mit der Wirklichkeit

Wenn eines klar ist, dann dies: Spätestens mit dem Beginn des 20. Jahrhunderts zieht sich der Zukunfts-Optimismus erst langsam, dann immer stärker zurück. Selbst „Science-fiction"-Romane, wie sie in den Jahrhunderten zuvor von Jules Verne (1828 - 1905) gepflegt und von den Massen verschlungen worden waren, bekommen einen pessimistischen Sprung. Die „Zeitmaschine" zum Beispiel seines „seriöseren" Nachfolgers H. G. Wells (1866 - 1946) entspricht schon den Regeln eines skeptischer gewordenen Geistes. Die Welt zerreißt. Hinter dem Vorhang erscheint nicht mehr nur der immer gleiche alte Adam, sondern eine Fülle von menschlichen Problemen, die durch die Technik und ihre Folgen nicht mehr gelöst werden können. Nicht einmal die optimistisch geplante Jahrtausendfeier zum Eintritt in das 20. Jahrhundert konnte die aufkommenden **Ängste wegspülen. Neue Ängste werden Thema für Autoren, die vom Optimismus nicht erfaßt wurden.**

Der „Fortschritt" bietet seitdem Anlaß, von Technik, Technologie und technischer Phantasie „alles Mögliche" und auch das Unmögliche zu erwarten. Während die Geschwindigkeit des technischen Fortschritts zunimmt, nimmt der Glaube an seinen Segen ab. Hochtechnisierte Kriege werden nicht mehr nur als Produkt der Technik ausgemacht. Der Krieg *bedient* sich der Technik nicht nur - die Technik ist der Generator von Kriegen. Bessere, schnellere und umfassendere Information bringt weniger die Segnungen einer „neuen Aufklärung" in die Wohnstuben des Westens - ihre Mittel ermöglichen diktatorische und totalitäre Regime, in deren Gedankenmüll jede Form der „neuen Aufklärung" erstickt. Die Massenhaftigkeit von Aufklärung wird zu Segen und Fluch zugleich. Noch nie zuvor war deshalb die Zukunfts-Literatur so nahe der Gegenwart und so fern von den gegenwärtigen Menschen. Während der Fortschritts-Optimismus bei den Massen das Sensorium für das Machbare verklebte, machten sich zugleich empfindlichere Gemüter daran, die negativen Folgen eines solchen Optimismus gerade für solche Zeitgenossen in Szene zu setzen, die sich an der Oberfläche des Fortschritts festhielten. Schriftsteller schufen Werke, die man heute als „Anti-Utopien", als „Gegen-Utopien" bezeichnet. Es sind Begriffe, die klar machen, daß mit „Utopien" nicht nur eine schöne ferne heile Welt, sondern auch eine folgenlose neue Welt bezeichnet werden kann, also ein folgenloser sozialer Entwurf. Anti- oder Gegenutopien wollen daher etwas anderes: Sie zielen als geschichtliche Dimension nicht auf das Paradies, sondern auf die Hölle. Es ist eine Hölle, die sich die Gegenwart zu schaffen beginnt. Dieser Charakter gibt Werken wie Aldous Huxleys (1894 - 1963) „Schöne neue Welt" von 1932 oder George Orwells (1903 - 1950) „Neunzehnhundertvierundachtzig" von 1949 eine epochale und paradigmatische Bedeutung, eine Faszination, die bis heute nicht gemindert wurde. Nicht ihre literarische Bedeutung steht im Vordergrund, sondern die Verdichtung des Zeitgeistes in zwei Parabeln, die sich in den Jahren, die zwischen ihrer Entstehung liegen, eher verstärkt hat. Deshalb ist es gerechtfertigt, sie zusammen zu behandeln.

Es versteht sich, daß die moderne Zukunfts-Wissenschaft - heftig bemüht, die öffentliche Aufmerksamkeit für ihre Konstrukte, Kurven und Modelle zu erregen - von dieser „unseriösen" Konkurrenz seit den dreißiger Jahren nicht übermäßig begeistert war. Abgesehen vom sonstigen Inhalt seiner Lehre hatte Karl Marx seit der Mitte des 19. Jahrhunderts den Anspruch erhoben, durch Zugriff auf die Wissenschaft die weltgeschichtliche Prognose auf derart solide Füße zu stellen, daß man mittels neu formulierter „Gesetze" nicht mehr nur *erklären* konnte, *daß* etwas geschehen werde, sondern auch, *warum* dies so sei. Der Anspruch war erhoben und immer wieder bekräftigt worden. Es ging nunmehr nur noch darum, die Voraussetzungen zu schaffen, die zu dem vorher ausgekundschafteten Leitbild führten. Die Sozialforscher sind angesichts der Überraschungen, die ihnen die Zukunft immer wieder bereitete, später vorsichtiger mit ihren Voraussagen geworden. Aber sie wollen bis heute nicht begreifen, daß intuitive Vorausschau, gegründet auf eine höhere Sensibilität gegenüber den in der Gegenwart liegenden Möglichkeiten, eine beachtenswerte denkerische Sonderform von hoher Wertigkeit darstellt. Sie müßten endlich akzeptieren, daß intuitive und nicht-intuitive Vorausschau zwei unterschiedliche gedankliche Äußerungsformen sind.

Die Wissenschaft fühlte sich gezwungen, die anschwellende „Science fiction" - das Sammelwort sei gestattet, obwohl es Huxleys und Orwells Intentionen gar nicht erfaßt, da sie mit einem winzigen Ausschnitt von „Science" auskommen, um die negative Revolutionierung des menschlichen Lebens zu illustrieren - zur Kenntnis zu nehmen und, wenn möglich, ad absurdum zu führen. Sie empfand die Konkurrenz als störend, obwohl oder vielleicht auch *weil* selbst für die ausgeklügeltsten Computer-Durchläufe von Weltmodellen gilt, daß sie vor allem das bringen, was man von ihnen erwartet. „Die 'science fiction'", so ein früher Nachkriegsvorwurf, „konzentriert sich zu sehr auf die dramatischen Neuerungen der Technik, der Biologie und so weiter."[30] Darin hat der Soziologe Bell wohl recht, aber entlarvend wirkte es, wenn Wells, Huxley, Samjatin (1884 - 1937) und Orwell in die Kategorie der „Voraussagen zum Zwecke der Unterhaltung und geistigen Erbauung" abgeschoben und damit ihrer erkenntnisfördernden Bedeutung entkleidet werden.

Für den „exakten" Wissenschaftler ist es nur schwer zu begreifen, daß die Utopie, unter welcher Form auch immer, während vieler Jahrhunderte nicht nur die einzige Form der Vorausschau von Zeit gewesen ist - sie war auch stets ein Indiz des Weltzustandes und somit ein Element der Kritik an der Gegenwart. In sie gingen Tendenzen ein, die eine Zeit im nachhinein erst verstehbar machten. Deshalb zeugt es von einem tiefen Nicht-Verstehenwollen kreativer Phantasie, wenn deren Ergebnisse zu Äußerungsformen der Unterhaltungsindustrie herabgestuft werden. Zukunftsromane, meinte der sonst so verdienstvolle Fred Charles Iklé 1967, seien vielleicht deshalb bedeutsam, weil sie „ansonsten nichtssagenden" Möglichkeiten Farbe gäben.

„So mag 'Neunzehnhundertvierundachtzig' manchen von uns darauf aufmerksam gemacht haben, daß wir gewisse, auf einen totalitären Sozialismus oder eine Nachrichtenkontrolle durch die Regierung abzielende Tendenzen vermeiden müssen [...]. Viele von H. G. Wells Romanen dürften andererseits dem Leser die Vorzüge eines vereinigten Wohlfahrtsstaates vor Augen geführt haben."[31]

Schwächer kann der Schrecken kaum ausgedrückt werden, den Millionen Leser nach der Lektüre von „Neunzehnhundertvierundachtzig" empfanden und zwar deshalb, weil sie genau die Gefahr in sich und anderen spürten, die ihnen Orwell mit seinen literarischen Mitteln suggerierte.

In einem solchen Zusammenhang - auch das wird von vielen, die sich den „exakten" Wissenschaften verpflichtet fühlen, **nicht verstanden - ist es ziemlich gleichgültig, ob Wells im Jahre 1932 für das Jahr 1940** einen Weltkrieg über einen deutschen Korridor nach Ostpreußen ausbrechen ließ oder ob schon die Verwendung von „Atombomben" in seinem Ideenspielkasten enthalten war. Die Autoren selbst wissen besser als. ihre Kritiker, was sie vermögen und was nicht. Aldous Huxley hat schon 1950 zugegeben, in seiner „Schönen neuen Welt" sei ein „gewaltiger und unverkennbarer Mangel an Vorausschau" enthalten. Er bestehe darin, daß „keine Anspielung auf die Kernspaltung" zu finden sei. Aber, so sagt er ebenso entschuldigend wie richtig, das läge an der Zielsetzung seines Buches. Das nämlich beschäftige sich nicht mit dem „Fortschritt der Wissenschaft schlechthin, sondern mit dem Fortschritt der Wissenschaft insofern, als er den einzelnen Menschen betrifft". Die einzigen ausdrücklich geschilderten Fortschritte seien solche, „welche die Anwendung der Ergebnisse künftiger biologischer, physiologischer und psychologischer Forschung auf Menschen zum Ziele haben." Die Beschädigung der conditio humana ist es, die den Schriftsteller umtreibt; dafür sucht er schlagende Szenarien. Die naturgetreue Nachbildung der Details spielt in seinem Bemühen, die anstehenden Gefahren zu benennen, die kleinere Rolle. Entscheidend für den Erkenntnisgewinn ist der Eindruck, daß in Romanen wie der „Schönen neuen Welt" das behandelt wird, was die eigene Existenz in der Zukunft tangiert - und von der Wissenschaft nicht adäquat erfaßt, möglicherweise gar nicht thematisiert wird.

Worum geht es bei Huxley und Orwell? Es geht, könnte man sagen, in beiden Fällen um ein pervertiertes Paradies. Bei Huxley ist es im „7. Jahrhundert nach Ford" mittels der perfekten Manipulation des Menschen gelungen, eine stabile utopische Welt zu errichten. Von der Wiege bis zur Bahre herrscht vollkommene Künstlichkeit. Jede Erinnerung an die wahre Natur des Menschen muß zu einem Zusammenbruch dieser „schönen neuen Welt" führen. Die menschliche Triebwelt wurde stillgelegt zum einen durch Soma, eine Art überdimensionalem Valium, zum anderen durch die Möglichkeit der Übererfüllung sexueller Wünsche ohne persönliche Bindung. Jeder Ausbruch aus diesem Zustand endet in Katastrophen und wird daher mit allen Mitteln unterbunden. Orwells „Neunzehnhundertvierundachtzig" führt in die Welt permanenter und ubiquitärer Überwachung, in der die Aggressionen des Menschen nicht durch die Erfüllung sexueller Wünsche abgelenkt werden, sondern durch die Ableitung in den Haß auf immer vorhandene und immer neu aufgebaute Feinde. „Der große Bruder", der allgegenwärtige „Teleschirm", die „Haßwochen" und die Parolen wie „Krieg ist Frieden, Freiheit ist Sklaverei, Unwissenheit ist Stärke", aktivieren bewußtlose Zusammengehörigkeit. „Doppeldenk" und „Neusprech" sind ein Fachvokabular, das von „Neunzehnhundertvierundachtzig" in die Alltagssprache übergegangen ist, um totalitäre Regime neuer Dimension - in Orwells Gegenwart verkörpert im Stalinismus - zu kennzeichnen. Die lautlose Potenzierung der Unterdrückung wird so benannt:

„Das Gebot der alten Despotien lautete:' Du sollst nicht.' Das Gebot der totalitären Regime lautete: 'Du sollst.' Unser Gebot lautet:' Du hast zu sein.'"

Die „Schöne neue Welt" Huxleys erzeugt im Menschen Langeweile trotz quasi-paradiesischer Zustände. Er muß permanent abgelenkt werden. Das „Ozeanien" von „Neunzehnhundertvierundachtzig" herrscht über den Menschen mittels Askese, Frustration und Keuschheit. Die eine Welt übt Zuchtwahl, die andere herrscht über die Gedanken durch die „Gedankenpolizei".

Huxley und Orwell, der anscheinend 1949, als er sein „Neunzehnhundertvierundachtzig" schrieb, ein Gegen-Huxley-Buch schreiben wollte, kommen trotz ähnlicher zeitgenössischer Lebensphilosophien und politischer Denkansätze zu völlig verschiedenen romanesken Konsequenzen. Huxley zieht eine gedankliche Linie vom übersteigerten Individualismus und Hedonismus seiner Zeit zu einer Welt ohne menschlichen Schmerz, aber auch ohne menschliche Spannung. Totale Herrschaft produziert totales Glück ohne eigenes Zutun. Die Leitsprüche dieses Universums lauten: „Gemeinschaftlichkeit, Einheitlichkeit, Beständigkeit". Aber das Ideal wird nicht erzeugt durch gemeinschaftlichen Willen, sondern durch die Unterwerfung des Einzelwillens. Es ist geradezu Pflicht jedes Alphas (der intelligentesten Zuchtschicht seines Romans), emotional infantil zu bleiben. Beherrschbarkeit wird bei Huxley durch Retortenzeugung nach unmenschlichem Maß hergestellt, bei Orwell durch schärfste Gedankenkontrolle. Bei beiden endet jeglicher Gedanke in einer kollektiven, staatlich gesteuerten Litanei.

In dreierlei Hinsicht stimmen Huxleys und Orwells gesellschaftliche Konsequenzen überein:

1. Die Menschen in einer zukünftigen Welt sind grenzenlos manipulierbar. Dieser Manipulierbarkeit liegt eine unterschiedlich begründete Klassenherrschaft zugrunde.

2. Das menschliche Denken wird durch den Staat definiert und revidiert. Die Konsequenz lautet beispielsweise bei Huxley:" Geschichte ist Mumpitz", bei Orwell:" Das Individuum besitzt nur dann Macht, wenn es aufhört, ein Individuum zu sein."

3. Jede Revolte gegen das unmenschliche System bleibt am Ende ohne Chance. Keine Revolution, von der das 19. und das 20 Jahrhundert lebte, hätte mehr Aussicht auf Erfolg.

Noch einmal: Die Möglichkeiten der Gentechnologie hier und der Informationstechnik dort werden bis an die Grenzen des Denkbaren weitergeführt. Huxley hat recht, wenn er dreißig Jahre später feststellt, sein beängstigendes Szenario nähere sich schon früher dem Stadium der Verwirklichung, als er angenommen habe. Und George Orwells „Neunzehnhundertvierundachtzig" schildert einen Überwachungsstaat, wie ihn der Stasi-Staat DDR bis 1989 für die Gegenwart mit anderen Mitteln nachgeliefert hat. Diese Anti-Utopien haben keine „Modelle" geliefert, haben für sich nicht in Anspruch genommen, die ganze Zukunft vorauszuliefern. Aber mit ihnen ist die Verzweiflung an der Zukunft in die Welt getreten. Die Schizophrenie nicht nur der Welt, sondern der Geschichte überhaupt wird in ihnen offenbar.

Die Technologie, vor allem die Human-Technologie, ist in ihren kollektiven Perversionen nicht mehr zu bremsen. Die menschliche Phantasie hat sich ihrer bemächtigt und ihre denkbaren unmenschlichen Ergebnisse auf der Folie der Menschlichkeit ausgebreitet. Das Ergebnis ist erschreckend, aber es ist weder von der Politik noch von den Humanwissenschaften ernst genommen worden. Es ist ja nur „fiction". Selbst als Gegen-Utopie, dazu bestimmt, vor einer denkbaren Zukunft zu warnen, wird sie als „Hirngespinst", als Phantasmagorie, nicht einmal verteufelt. Denn nichts fürchtet der Mensch mehr, als mit seinen eigenen negativen Möglichkeiten konfrontiert zu werden. Wenigstens seine Tragik wird ihm bei Orwell noch belassen. Nikolai Berdjajew (1874 - 1948) hatte der „Brave new world" sein Motto mitgegeben:" Utopien erweisen sich als weit realisierbarer, als man früher glaubte. Und wir stehen heute vor einer auf ganz andere Weise beängstigenden Frage: Wie können wir ihre endgültige Verwirklichung verhindern?" Es ist dies eine Frage, der sich die „Zukunftsforschung" nach dem Ende des Zweiten Weltkrieges mit einem ebenfalls von Berdjajew entliehenen Motto widmet. Sie lautet: wie man zu einer nichtutopischen, einer weniger vollkommenen, aber freieren Gesellschaftsform zurückfinden könne.

## III. Die Gegenwart der Zukunft

> „Erst in unserer Zeit wird aus der Utopie
> [...] ein Bewußtsein der Katastrophe."
>
> *Gottfried Salomon-Delatour*

## 1. Von allen guten Geistern verlassen: Die Zukunftsmacher

Die Zäsur der neuesten Neuzeit läßt sich damit begründen, daß sie - wie das Motto dieses Hauptteils behauptet - eine neue existentielle Rechenweise eingeführt hat. Es wird nicht nur addiert, Fortschritt auf Fortschritt gehäuft, sondern permanent substrahiert. Der Fortschritt fordert seine Opfer. Also zieht man von der Gegenwart ständig etwas ab und muß notwendigerweise im Minus und in der Katastrophe landen. Deshalb entwikkeln sich Zukunftserwartungen mehr und mehr zur schlichten Katastrophenvermeidung, die keinen Blick hat für Blicke in Richtung auf denkbare positive Aspekte. Das Christentum als die prägende Kraft von zwei Millennien ist in dieser Beziehung ebenso unwirksam geworden wie die Aufklärungs-Gläubigkeit, die von der erlösenden Wirkung der Vernunft ausging. Auch der Marxismus, die letzte der umfassenden Denkhilfen, hat die Hoffnungen nicht erfüllt, die Millionen in ihn setzten. Deshalb sind die großen Entwürfe alle verdrängt worden von Prognosen, die der Zukunft keine entlastende Funktion mehr zubilligen wollen. Sie ist kein Modus der Zeit mehr, dessen An-Denken die Gegenwart erträglich macht. Auch die gleichmacherischen Filter-Funktionen der Zukunft - die Bösen ins Kröpfchen (der Hölle), die Guten ins Töpfchen (des Paradieses) - sind auf das Abstellgleis geschoben worden und dort stehengeblieben.

Die Zukunft der neuesten Neuzeit ist nicht wertfrei. Aber sie ist vor allem ein Modus der Zeit, in dem es das zu vermeiden gilt, was in der Vergangenheit an der Gegenwart gesündigt wurde. Sie weckt keinen Enthusiasmus mehr. Wenn sie schon mit Gefühlen beladen wird, dann mit Schrecken. Nachdem für

Jahrhunderte die Rolle der „natura naturans", also der Wirklichkeit schaffenden Natur, zurückgetreten war gegenüber der „natura naturata", der Fähigkeit des Menschen, die Natur zu seinen Gunsten zu entwickeln, besinnt man sich nun wieder darauf, daß eine solche Haltung nur dann nützlich und segensreich ist, wenn sie im Einverständnis mit der vergewaltigten Natur praktiziert wird. Der Natur das wiederzugeben, was der Natur ist, wird zunehmend zum Motto der letzten Jahrzehnte des 20. Jahrhunderts. Die großen künstlichen, weil menschenbewirkten Katastrophen stellen in unserer Zeit das unwiderlegbare Beweismaterial dafür bereit, daß der gesamten Menschheit - nicht nur ihren Sündern - das letzte Stündlein geschlagen hat, wenn sie die Menetekel nicht beachtet, die an den menschlichen Horizont projiziert wurden.

Daher ist in unseren Jahren Zukunft nichts Leuchtendes, individuelles oder kollektives Glück Verheißendes mehr. Zukunft ist vielmehr ein Tempus, in dem die negativen Resultate eines menschlichen Denkens sichtbar werden, das vergessen hat, daß wir die Mithilfe einer sprachlosen Umwelt brauchen, um weiter zu existieren. Wir sind zu Sachwaltern der Natur geworden, müßten es zumindest sein.

Zum ersten Mal setzt man Gefühl und Geist nicht mehr freudig ein - Huxley und Orwell waren darin Vorläufer - um die Resultate menschlichen Tuns zu glorifizieren, aus dem Streben nach Zukunft eine Erfolgsgeschichte zu machen. Zum ersten Mal strebt man nicht mehr nach einer geschönten neuen Welt. Die ausbrechende „neue Düsternis" ist nicht der gewünschte Zielpunkt - aber sie setzt sich als unvermeidbare Möglichkeit immer mehr durch.

So stehen die zeitgenössischen „Zukunftsmacher", im Wortsinn von allen guten Geistern der Vergangenheit verlassen, vor einer völlig neuen Situation. Sie wirken in eine Zeit hinein, in der den Melodien der Zukunftsschalmeien nicht mehr geglaubt wird. (Schon kündigen sich allerdings mit den Verführungen des „Kommunikationszeitalters" Perspektiven an, die diese Art der Depression davonscheuchen wollen.) Der Liberalismus in der Form des Wirtschaftsliberalismus hat zwar immer wieder Produktionskräfte freigesetzt, doch nun weiß er nicht mehr weiter; er ist an den Grenzen seiner Wirksamkeit angelangt. Noch bevor er diese erreicht hat, ist klargeworden, daß er die Tränen dieser Welt nicht trocknen wird. Denn er hat die Welt nicht mit Wohlfahrt überzogen, die allen zugute kommt, sondern die Kluft zwischen arm und reich, national - und international immer mehr vergrößert. Der Marxismus hat seine überspannten Versprechungen nicht einlösen können. Sie gigen dahin, daß geradezu theologisch überhöhte Formen der Produktion nicht nur Wohlstand in Freiheit schaffen würden, sondern auch den „neuen Menschen", dem die neue Welt auf den Leib geschnitten ist. Der Nationalismus war in unserem Jahrhundert verantwortlich zu machen für den Ausbruch zweier Weltkriege, zugleich (und vollständig unvorbereitet) für den Anbruch des Atomzeitalters. Kein Hoffnungsschimmer ist zu sehen, daß der Traum von der „Einen Welt", in der die Völker gar nicht anders leben wollen als in permanentem Frieden, in absehbarer Zeit Wirklichkeit werden könnte. Der aggressive Rassenwahn hat zwar zurückgeschlagen werden können. Doch ist nichts an seine Stelle getreten, von dem man hätte annehmen dürfen, daß es die Rückkehr des ewig Gleichen - Aggressivität und Armut - auf die Dauer verhindern könnte.

Mit einem Wort: Die visionären Energien der Welt sind erschöpft, keine neuen Entwürfe in Sicht, in deren Namen und hinter deren Banner sichtbar gewordene Fehlentwicklungen rückgängig zu machen sind. Nur eines ist geblieben in dieser Kette immer neuer Mißerfolge: die Technik und deren Produkte. Auf sie konnte man sich verlassen. Sie durfte sich rühmen, für einige Jahrzehnte der Armut im atlantischen Raum Herr geworden zu sein, mit Japan auch darüber hinaus zu dringen. Dann aber zeigte es sich, daß es auch aus einem technischen Traum ein böses Erwachen geben kann, daß technischer Nutzen nicht ohne Kosten zu haben ist. Diesmal waren es sogar Kosten, die nicht nur *ein* Staat, nicht nur *eine* Kultur bezahlte, sondern die ganze Welt. Eine nach der anderen kündigten sich

Katastrophen an; sie zogen eine nach der anderen Prognosen nach sich, die noch Schlimmeres verhießen. Dies war die Stunde der Zukunftsforschung, die von Stund an die Zukunftstheologien und -ideologien, die Staatsromane und Utopien ersetzte. Sie hatte keine Verheißungen im Gepäck, allein den Glauben an sich selbst und an die Rechenkapazitäten, über die sie verfügte. Denn der Zufall der Geschichte hatte es gewollt, daß die ersten globalen Ausfallserscheinungen zusammenfielen mit Computer-Kapazitäten, die erwarten ließen, man werde mit Hilfe des revolutionierenden binären Kapitals der Unordnung der Welt Herr werden. Rechenkapazität ersetzte Verheißung, Hardware Glaubensgewißheit. Es bedurfte - so schien es - nur noch kreativer Phantasie, um sie in Richtung auf die Zukunft zu instrumentalisieren.

Also brach der neue Zukunftsboom los. Zwei Motive, von denen eines schon genannt wurde, standen seitdem im Mittelpunkt. Das eine: Die informationstechnischen Innovationen, konzentriert im Begriffsfeld „des" Computers, vermittelten die Illusion, endlich der Zukunft habhaft zu werden. Das technologische Know how ersetzt Zukunftswillen und Zukunftsvision. Eindeutig weist die Entstehung der Zukunftsforschung auf diese Bedingungen hin:" Das Aufkommen von 'future studies' also, einem abgrenzbaren Forschungsbereich in den 60er und 70er Jahren, war verwoben mit der Entwicklung und zunehmenden Verflechtung verschiedener analytischer Techniken wie Delphi, der Konstruktion von Szenarien [...], mathematischer Modelle und unterschiedlicher Formen der 'cross-impact analysis.'"[32]

Eine zweite Ursache für die Springflut von Future-studies, die seit den sechziger Jahren über uns kam (und dann wieder verebbte), darf man im Übergang vom Einzelforscher zur Großforschung sehen. Die neue Zeit ging auch mit der Zukunft anders um. Die „Großschriftsteller" der Zunft - Oswald Spengler (1880 - 1936), Arnold Toynbee (1889 - 1975), Pitrim Sorokin (1889 - 1968) - hatten ihre Produktion längst eingestellt. Gefordert war von nun an die Forschungsgruppe, der „think tank".

Es war nicht von ungefähr, daß Herman Kahn (1922 - 1983), der unbestrittene Matador der ersten Stunde, sich seine Zukunfts-Sporen bei der Rand Corporation verdiente, dem 1946 gegründeten Forschungsinstitut der amerikanischen Luftwaffe. Dort hatte er sich mit Hilfe der neuen technischen Mittel u.a. über die Denkbarkeiten eines Atomkrieges, der verheerendsten aller Zukunfts-Möglichkeiten, Gedanken gemacht. Er hatte aus der globalen atomaren Gefahr ein kühles Kalkül kristallisiert. Kahn hatte eine Eskalationsleiter („Eskalation - Die Politik mit der Vernichtungsspirale", 1963) entworfen, die aus vielen Zukunfts-Möglichkeiten bestand und zugleich Ausstiegsmöglichkeiten auf allen Stufen der Gefährdung bot. Schon hier also eine Mischung aus Schrecken und Schreckensvermeidung, aus Katastrophe und deren Vereitelung. Das war eine Innovation, die sich der Denkschiene entgegensetzte, die der französische Soziologe Raymond Aron schon Ende der fünfziger Jahre auf den Punkt gebracht hatte:

> „Wir sind zu sehr vom 20. Jahrhundert gefangengenommen, um uns der Spekulation über das 21. Jahr-hundert widmen zu können. Langfristige historische Aussagen sind aus der Mode gekommen."[33]

Langfristige *historische* Aussagen sind außer Mode geblieben. Kein neuer Spengler ist in Sicht. Was kam, war die computergestützte Katastrophensimulation. Zum bisher letzten Mal wurde aber erkennbar, daß ein intensives Zukunftsbewußtsein immer auch Demonstration eines gesteigerten Krisenbewußtseins ist. Eine neue zielgerichtete Methodologie war entstanden, weil sich seit den sechziger Jahren neue Krisen - Bevölkerungswachstum, Energiekrise - in das globale Bewußtsein bohrten. Die „Zukunftsforschung", als Steuerungswerkzeug kommender Krisen gedacht, war damit selbst Ausdrucksform neuer Krisenemanationen.

## 2. Zukunftsforschung und Futurologie

Alles ist neu - geblieben ist die globale Krise als Ursprung einer neuen Wissenschaft von der Zukunft. Neu ist auch die Basis, auf der sie aufbaut. Sie ist nicht mehr Ausdruck einer neuen Weltsicht - sie wurde erfunden, damit die Welt zu einer notwendigen neuen Weltsicht findet. Am Ursprung der Disziplin, die sofort durch Disziplinlosigkeit auffiel, stand der Sprung in die Quantität der Daten: Ein Drittel Mathematik, ein Drittel Sozialwissenschaft, ein Drittel Philosophie, erst später eine neue Ethik. Die Zukunft wurde - noch einmal sei es gesagt - weder erträumt noch erschaut, sie wurde befürchtet. Zwischen **dem Beginn der dreißiger bis zum Beginn der fünfziger Jahre -** 1952 erschien Robert Jungks aufrüttelnder Titel „Die Zukunft hat schon begonnen" - war das Überleben in der Gegenwart zur Lebensaufgabe geworden. Erst jetzt hatte man den Kopf wieder frei genug, um über die Gegenwart hinauszublicken. „Das, was Jungk den Griff nach der Zukunft genannt hat, hatte mit religiösen Visionen oder philosophischen Utopien wenig zu tun. Die Zukunft wurde nun 'einer neuen Gruppe spezialisierter Wissenschaftler' überantwortet, den Forecasters [...]. Den Amerikanern geht es dabei nach Jungk nicht mehr darum, 'über die Zukunft zu philosophieren, sondern etwas mit ihr zu tun: Sie zu erobern und ihr, soweit es menschenmöglich ist, Richtung und Marschtritt vorzuschreiben'".[34] Damit ist ein Grundton angeschlagen, der nicht mehr verklingt: Die Zukunft als eine zu besetzende Zeit-Dimension.

Urplötzlich war er da, eine Mode zuerst: der Wunsch nach mehr Zukunft, der zur Sucht werden konnte. Anfang der sechziger Jahre setzte unvermittelt eine Springflut von Publikationen ein, die sich die Zukunft vorgenommen hatten. Doch nicht nur das: Die Wissenschaft organisierte sich um, bildete Forschungsgruppen und Institute, um im Wettlauf mit der Zeit nicht in Rückstand zu geraten. In Frankreich nannten sie sich „Prospectives" und „Futuribles", in England wurde ein „Ausschuß für die kommenden 30 Jahre" eingesetzt, die „American

Academy of Arts and Sciences" gründete einen, von dem Soziologen Daniel Bell geleiteten, „Ausschuß für das Jahr 2000". Einen geradezu legendären Ruf errang sich das von Herman Kahn begründete Hudson Institute, weil es die spekulativsten und kühnsten Prognosen wagte (die dann oft nicht eintrafen und die Kreditwürdigkeit des Forschungszweiges minderten). Im Deutschland der „Keine-Experimente"-Dekaden hinkte man hinter der Zukunfts-Welle her - ein Rückstand, der niemals aufgeholt wurde. 1968, ein Jahr vor der Mondlandung, klagte der Informatiker Karl Steinbuch („Falsch programmiert"):

> „Es gibt in unserem Lande etwa 150 Institutionen, die sich mit der wissenschaftlichen Analyse der Vergangenheit beschäftigen. Es gibt in unserem Lande meines Wissens aber keine einzige Institution, die sich ernsthaft mit der sorgfältigen wissenschaftlichen Analyse der Zukunft beschäftigt."[35]

Es war eine Klage, die trotz C. F. von Weizsäckers 1969 gegründetem Starnberger „Institut zur Erforschung der Lebensbedingungen der wissenschaftlich-technischen Welt" niemals endete.

Während der wirtschaftliche Boom losbrach, blieb Deutschland bis heute ein Entwicklungsland der „Futurologie", dies ein Ausdruck, den der in die USA emigrierte Politikwissenschaftler Ossip K. Flechtheim im Jahre 1943 erstmals in den Sprachgebrauch einbrachte. In der Bundesrepublik stieß der neue Trend auf wenig Verständnis. Noch im Jahre 1969 bezeichnete Ludwig Erhard, der Baumeister des „Wirtschaftswunders", die Planung der Zukunft als „Irrtum der Zeit". Die amerikanische „World Future Society", so berichtete Flechtheim 1980, habe 20 000 Mitglieder; in Deutschland hatte sie nie eine Bedeutung. Bis zum Jahre 1972 ergriff die Zukunftsforschung für eine Weile auch die Dritte Welt. Davor und danach haben die Ergebnisse aus den „think tanks" der USA die Phantasie des großen Publikums beschlagnahmt.

Wieso gerade zu Beginn der sechziger Jahre das Interesse an der Zukunft so plötzlich ausbrach, ist präzise nur schwer zu belegen. Wahrscheinlich hatte sich die Kommunikationstechnik, sprich der Computer, bis zu einer Reife entwickelt, daß sie abenteuerlustigen Geistern zu schade schien, um sich allein mit der Gegenwart als Untersuchungsgegenstand zu befassen. Daniel Bell hat als Miterlebender die „Romantik der Raumfahrt" dafür verantwortlich gemacht. Kenneth Boulding versuchte die ernüchternde Tatsache, daß die Fruchtbarkeit amerikanischer Böden plötzlich nachgelassen hatte, für den Beginn eines Nachdenkens über das, was kommen könne, verantwortlich zu machen. Tatsächlich aber wird es ein Motiv gewesen sein, an das man, verzaubert von den idealistischen Vorstellungen über die Möglichkeiten von Zukunftsforschung - „alle Voraussagen über die Zukunft sind falsch, aber keine ist völlig falsch" (Kenneth Boulding) - nur ungern denkt. Zumindest in den USA war es das Interesse des Groß-Reiches, besser und vor allem schneller zu wissen, wie es mit den zukünftigen Schwierigkeiten umgehen solle, das zur starken gouvernementalen Förderung der Zukunftsforschung führte. (In ihrer besten Zeit hatte die Rand-Corporation 3000 Mitglieder.)

„Jede moderne Gesellschaft [muß] den sozialen Wandel planen, führen und kontrollieren [...]. Was die Mitte des 20. Jahrhunderts [von den früheren Theorien des sozialen Wandels] unterscheidet, ist der bewußte Einsatz menschlicher Institutionen, vor allem der Regierungen, um die Veränderungen im Hinblick auf ganz spezifische Endergebnisse zu steuern [...]. Im Zentrum steht das Problem der Entscheidung [...]. All dies führt uns an die Schwelle eines alten beharrlichen Versuches der Menschheit: unsere Zukunft zu wählen."

Wer das liest, weiß, warum gerade westliche Sozialisten gerne mit dem neuen Werkzeug der „Futurologie" gespielt haben. Der Glaube an die zukünftige Machbarkeit der Gesellschaft mittels staatlicher Planung ist noch immer nicht verschwunden. Zart schimmerte durch die vorangegangenen Sätze der Glaube an die Planbarkeit der Zukunft. Er ergänzte für einige Zeit den Glauben an die Machbarkeit der Gegenwart.

Futurologie als eine spezielle Art angewandter Wissenschaft hatte schon früh der Sozialist Flechtheim im Sinn. Er hat schon früh zwischen einer von ihm so genannten „Establishment-Futuro-logie", die Prognostik zum Zwecke der Stabilisierung in den Vordergrund stellt und einer sozialkritischen Futurologie, die sozial verträgliche und ökologische Gesellschaftsmodelle propagierte, unterschieden. Zur ersten Alternative meint er:

> „Mit ihrer Hilfe will man ohne eigene Stellungnahme und aktive Einwirkung alle möglichen positiven und negativen Ereignisse, Daten und Tendenzen voraussagen oder gar vorausberechnen [...]. Der Status quo wird fortgeschrieben."

**Eine solche Futurologie ist nicht die Sache Flechtheims und anderer aus der sozialkritischen Ecke, die das nicht so explizit** sagen. Er sieht sich als Vertreter einer „kritischen Futurologie", deren Eigenheit es ist, die Zukunft nicht nur zu berechnen, sondern auf sie Einfluß zu nehmen.

> „Die kritische Futurologie ist stets bemüht, einen konkreten Beitrag zur Verwirklichung einer *besseren* Zukunft zu leisten. Sie ist also immer auch praxisorientiert."[36]

Diese Betrachtungsweise wird in der Folgezeit immer wieder im Mittelpunkt der Kritik stehen. So wird die Behauptung attackiert, man lasse allein die Fakten sprechen, wo doch die Fakten stets danach ausgesucht würden, daß sie durch ihre Auswahl das angestrebte Ziel vorausdefinierten. (Im Kapitel über Anspruch und Realität der Weltmodelle wird darauf zurückzukommen sein.) Eine schwedische Stimme aus den achtziger Jahren meinte kritisch:

> „Die negative Haltung gegenüber dem Gebrauch von Modellen scheint auf die Tatsache zurückzuführen zu sein, daß ihre Urheber nur zwei mögliche Absichten für den Gebrauch von Modellen im Sinne haben: Voraussagen zu produzieren oder wünschbare Entwicklungen zu kennzeichnen."

Das führte schon früh zur Warnung der schwedischen Ministerin Alva Myrdal: „Wir müssen jede 'Kolonisierung der Zukunft' durch mächtige Interessengruppen, seien sie national oder international, vermeiden."[37] Eine weitere Gefahr artikulierte Rolf Kreibich:

„Immer mehr muß [...] die traditionelle Prognosetechnik auf ihre wirkliche Aussagekraft im Rahmen der jeweils gewählten Prämissen und Randbedingungen reduziert werden."[38]

Wie sehr sich ideologische Positionen bis in die Definition der Futurologie auswirkten, zeigt eine deutsche Stimme aus der Zeit des „anti-imperialistischen Kampfes". Claus Koch, damals Chefredakteur der Zeitschrift „Atomzeitalter", schrieb 1968:

„Die Botschaft der Futurologie [...] ist die Botschaft des aufgeklärten, organisierten Kapitalismus im Schatten der Bombe. Die Erforschung der Zukunft soll ihm zeigen, wie er aus eigener Kraft der Neigung zur Katastrophe sich entreißen kann [...]. Die Futurologie - oder wie sonst ihre verschiedenen Namen lauten - ist zum einen eine sozialtechnische Methode als Generalstrategie plankapitalistischer Krisenverhinderung. Sie ist zum anderen, da sie nicht kritisch noch politisch werden will, ideologische Bestätigung einer Ordnung, die den Schleier vorzieht, um alles beim alten zu lassen."[39]

Dies ist eine jener typischen, dennoch signifikanten Übertreibungen, wie sie damals üblich waren. Richtig ist geblieben, daß es der Zukunftsforschung darum ging und geht, „alternative Zukunftstrends" zu entwickeln. Daß diese immer düsterer geworden sind, läßt sich auf zweierlei Beobachtungen zurückführen: Die Probleme, von denen die Welt beschwert wird, sind seit den letzten Jahren immer präziser auszumachen und: die Optimisten der Zukunftsforschung haben sich seit den sechziger Jahren in immer größeren Scharen eines Schlechteren belehren lassen.

## 3. Methodologie der Hoffnungen und Ängste

Den Nicht-Fachmann mag es wenig kümmern, auf welchen Wegen eine Wissenschaft, die sich die Zukunft ins Visier genommen hat und sich daher mit dem Überleben der Menschheit tout court befaßt, zu ihren Ergebnissen gelangt. Dies ist für den Laien die Hauptsache: Die Ergebnisse sind einsichtig und verständlich, zudem sorgt das Renommee der Forscher dafür, daß man sich auf sie verlassen kann. „Verlassen kann" heißt in diesem Falle vor allem: Es ist zu einem hohen Prozentsatz damit zu rechnen, daß das eintritt, was vorausgesagt wird. Allerdings - später wird noch mehr davon die Rede sein - beschäftigen sich „Zukunftsstudien nicht ausschließlich mit zukünftigen Ereignissen", sondern auch mit zukünftigen Tendenzen; zum anderen steht die Aussage nicht vereinzelt da, die sagt: „Wir betrachten Zukunftsstudien als ein breites Feld zukunftsorientierter Studien und nicht allein als eine Art der Vorhersage."[40]

In einer Zeit, die stolzer auf die Instrumente ist, die sie den Wissenschaften zur Verfügung stellt als auf die Plausibilität von deren Ergebnissen, ist die Frage nach der Qualität solcher Werkzeuge von ebensolcher Relevanz für die Wissenschaften wie für die Öffentlichkeit. Deshalb sollte auch derjenige, der sich nicht zum inneren Kreis derer zählt, die für ihn die Zukunft als eine noch unbekannte Landschaft erforschen, nicht völlig von einem Blick auf die Methodologie der Zukunftswissenschaft absehen. Dies gerade deshalb nicht, weil die sich selbst als eine Integrationswissenschaft betrachtet, in die eine Fülle von Einzelergebnissen anderer Wissenschaften eingeht. Das Problem der erkenntnisleitenden Interessen ist schon angerissen worden. Ihm konnte man entnehmen, daß wir es mit drei groben Unterformen der Disziplin zu tun haben: der technokratischen, der wirtschaftlichen und der kritischen Zukunftsforschung. Es sind dies unterschiedliche Ausprägungen, die für Deutschland an einem Beispiel aus den siebziger Jahren belegt werden sollen:

Da setzte sich der Informatiker Karl Steinbuch mit dem Publizisten Robert Jungk und in einem Rundumschlag auch gleich mit dem Philosophen C. F. von Weizsäcker in einer Art und Weise auseinander, die schon damals für die Zukunft der deutschen Zukunftsforschung Schlimmes erwarten ließ, weil dadurch deren schwankende Grundlagen in aller Öffentlichkeit aufgedeckt wurden. (Diese Trias von Namen dominierte übrigens längere Zeit die deutsche Debatte.) Steinbuch wandte sich mit unverhülltem technokratischen Alleinvertretungsanspruch zum einen gegen die nicht wegzudiskutierende generelle Technikfeindlichkeit Jungks, dem er ein Denken ohne Alternative vorwarf.

„Was Jungk kritisiert, ist nicht der naturwissenschaftliche Sprachgebrauch, sondern das Denken des problemlösenden Menschen schlechthin [...]. Ich bestreite ausdrücklich, daß sich die technische Intelligenz vor der Zukunft weniger verantwortlich verhält als andere Gruppen. Es ist im Interesse einer wirksamen Lösung unserer Probleme unverantwortlich, die technische Intelligenz zu diffamieren."

An Weizsäcker monierte er, daß der ein philosophisches Denken ohne Bezug zur Wirklichkeit pflege.

„Dort wo am meisten entschieden wird, da ist unsere konservative Moral fehl am Platze. Zur Lösung unserer zukünftigen Probleme brauchen wir eine ganz andere Moral: eine unglorifizierte Alltagsmoral, operational definiert und operational benutzt, so konstruiert, daß sie sogar dort verwendet werden kann, wo in Zukunft die meisten Entscheidungen fallen werden: im Computer."[41]

Zweierlei war in einer solchen Kontroverse, die nicht allein stand, zu entdecken: Die Zukunftsforschung in Deutschland schwächte sich deshalb von Anfang an selbst, weil sie 1. nicht bereit war, die proklamierte Multidisziplinarität in ihren Reihen ohne Einschränkung gelten zu lassen und 2. weil ihr in der Praxis nicht fremd war, was sie selbst am deutschen Wissenschaftsbetrieb kritisierte:

„Die Misere der Zukunftsforschung ist im Grunde eine Misere der deutschen Wissenschaft [...]. Anerkannt sind nur disziplinorientierte und auf einzelne Realitätsbereiche bezogene Forschungen, statt interdisziplinäre Arbeiten und multidisziplinäre Verknüpfungen."[42]

Die Frage nach den Methoden hat sich nach den überschwenglich optimistischen Pionier-Jahren später immer dringlicher gestellt. Deswegen werden Ergebnisse heute kaum mehr präsentiert, ohne auch ihre Voraussetzungen ausgiebig zu debattieren. Tun dies die Autoren nicht, dann tut es die zukunftsorientierte Öffentlichkeit. Das hat seinen Grund. Je furchterregender und angeblich unfehlbarer die Ergebnisse der Zukunftsforschung sich gebärdeten, desto dringlicher wurde die Nachfrage nach deren Zustandekommen. Der sogenannte gesunde Menschenverstand hatte in diesem Prozeß nichts mehr zu suchen oder besser: er wurde als vorwissenschaftlich aus den Denk-Labors verwiesen.

Es ist hier nicht möglich, in extenso den Feinheiten und Verästelungen nachzugehen, mittels derer die Zukunftsmacher ihre Zukunft „produzieren". Aber es ist schon interessant, wenn man einen Blick in das Fachvokabular wirft. Da läßt sich einiges von dem entdecken, was die Futurologie, Futuristik etc. (schon der Begriff, unter dem man arbeitet, deutet auf Unterschiede hin) umtreibt. Von Ossip K. Flechtheim haben wir schon die Unterscheidung von Establishment- und kritischer Futurologie übernommen. Wenn der „Patient" der Futurologie die Menschheit ist, dann ist es verständlich, daß ihre Ergebnisse dem Patienten nicht nur Angst oder Hoffnung machen können. Sie wirkt auch dadurch auf ihn, daß sie rückkoppelnd durch die Schilderung des künftigen Krankheitsverlaufs den Menschen vorzeitig krank zu machen vermag.

Nach Flechtheim besteht jede der Großgruppen wiederum aus drei Elementen: aus der Futuristik ( = Philosophie, Politik und

Pädagogik der Zukunft), aus Prognostik und Planung. Ohne Prognostik und Planung war schon seit Jahrhunderten keine systematische Zukunftsvorstellung denkbar. Nun hat sich die „exakte" Wissenschaft der Begriffe bemächtigt. Um fündig zu werden, unterscheidet sie folgende Kategorien der Prognose: das Objekt, den Umfang, den Zeitraum, den Zweck und die Methode. Zwanzig Grundtypen von Prognostik und dreihundert spezielle Methodologien will man gezählt haben. Einige Bemerkungen dazu: Eine der wichtigsten (heute als veraltet betrachteten) Methoden war die Trendextrapolation. Mit ihr wird die Zukunft auf der Grundlage von Vergangenheit und Gegenwart einfach fortgeschrieben. Katastrophen oder andere Einbrüche in das geschichtliche Geschehen können hierbei nicht berücksichtigt werden. Anders geht die explorative Gesamtschau vor: Sie ergründet zuerst, was für einen bestimmten Zeitraum der Zukunft wünschbar ist und sucht dann nach den Mitteln, das Gewünschte zu erreichen. Schon hier bricht das Subjektive in den objektiven Gesamtzusammenhang ein. Denn Wünsche sind die Wünsche von einzelnen.

Systemtheorie und Simulationstheorie, beide auch anderweitig eingesetzt, stellen abstrahierende Formulierungen von Konfliktsituationen und deren Folgen (etwa Wohlstand versus Ökologie) dar. Als „System" wird in der Wissenschaft ein „einheitlich geordnetes Ganzes" bezeichnet. Für die Praxis ist es tunlich, sich klarzumachen, daß es davon mindestens drei Kategorien gibt: einfache, komplexe und äußerst komplexe Systeme. Als einfaches System, in dem die Elemente starr aufeinander bezogen sind, läßt sich eine Zange oder eine Uhr begreifen. In komplexen Systemen sind deren Elemente nicht mehr starr aufeinander bezogen, sie lassen sich aber in ihrer Wirkungsweise noch exakt beschreiben. Ein Beispiel: biologische Regelkreise, die etwa die Bluttemperatur regulieren. Zu den äußerst komplexen Systemen, in denen die Einwirkungen der Einzelelemente nur äußerst schwierig zu erkennen sind, gehören sowohl das menschliche Gehirn wie das internationale System dieser Welt. Sich das klarzumachen ist wichtig, sonst wird die spätere Kritik an den „Weltmodellen" nicht erklärlich.

Simulation und Simulationstheorie haben eine experimentelle Konstruktion von Vorgängen mit dem Ziel der Erklärung oder Voraussage von Vorgängen im Sinn, die der direkten Beobachtung nicht zugänglich sind. Weltmodelle sind bewußt reduzierte Ausschnitte der gesamten Realität. Sie wurden vor allem durch den „Club of Rome" popularisiert und ins Gerede gebracht und gerieten meist zu einer Mischung aus Trendexploration und explorativer Vorausschau. D.h., sie wollen etwas und zeigen auf, daß es so nicht werden wird, wie es wünschbar wäre, wenn die Welt weiter ihren Lauf nimmt wie bisher. In unterschiedlicher Art und Weise münden alle diese Versuche, der Zukunft ihre Geheimnisse zu entreißen, in die mannigfachen Aspekte der Planung ein. In der Zukunftsforschung war es insbesondere der Begriff der Globalplanung, der zu Beginn eine Rolle spielte. Später wurde man zunehmend vorsichtiger. Dies deshalb, weil sich seit langem herausgestellt hat, daß ein auch nur annähernd den realen Verhältnissen nachgebildetes Szenario (oder eine Simulation) mit einer kaum zu bewältigenden Zahl von Parametern und Variablen rechnen muß, um auch nur annähernd „richtige" Prognose-Ergebnisse zu erzielen.

Was die Zukunftsforschung von allen vorangegangenen Versuchen unterscheidet, ist die Tatsache, daß sie mangels fehlender geistiger und/oder theologischer Vorgaben sich in besonderer Weise auf das Gebiet der Methodologie kapriziert. Dabei kann es gar nicht anders sein, als daß in einer Rundumschau wie dieser solche Methoden hervorgehoben werden, die nicht nur in ihren Ergebnissen, sondern schon in ihrem Vorgehen eine Neuerung darstellen. Dies auch deshalb, weil Zukunftsforschung „einen in sich schillernden Begriff darstellt". Das heißt: Eigentlich müßte immer erst dargestellt werden, was unter Zukunftsforschung verstanden wird, bevor man an die Darstellung ihrer Besonderheiten geht. Das haben wir allerdings - meinen wir - bisher zur Genüge getan. Wenn es ihrem inneren Sinn widerspricht, sie eindeutig gegen andere Forschungsrichtungen

86

abzugrenzen, muß man automatisch zu dem Schluß kommen: „Ihr Hauptcharakteristikum ist die Vielfalt und Vielschichtigkeit ihrer Inhalte und Methoden"[43] Weniger wohlwollende Urteile kommen allerdings zu dem Schluß, daß es mit der Abgrenzbarkeit ihres Gegenstandes nicht weit her sei.

Gerade die Vieldeutigkeit, resultierend aus einer multidisziplinären Thematik, macht sie besonders geeignet für ein Instrument, das systematisch erst in den sechziger Jahren erprobt wurde: das Szenario. Das ist eine mathematische Versuchsanordnung, von der ausgehend man mehrere Zukünfte durchspielen kann. Es ist der pluralistische Ableger der Prognose, ist ein Werkzeug der Vernetzung, beruhend auf einer Multidimensionalität, die niemals gänzlich zugunsten einer fiktiven Einheitlichkeit aufgegeben wird. Was sind „Szenarien" über solche Allgemeinheiten hinaus? „Die Szenario-Gestaltung ist eine Mischung aus prognostischem Wissen, intellektueller Kombination und phantasievoller Erzählkunst; sie sagt nicht, was sein wird, sondern gibt Antworten auf Fragen des Typs: Was wäre wenn?"[44] Ein anderer Autor definiert die Vorzüge so:

„Szenarien haben eine spezielle Fähigkeit, den vielfältigen, integrierenden gesellschaftlichen Fließprozeß darzustellen, der (wenn sich dies als angemessen erweist) mit demographischem Wandel, sozialen Trends, politischen Tendenzen, ökonomischen Variablen und technologischen Entwicklungen kombiniert wird."[45]

Man erkennt aus der facettenreichen Betrachtungsweise, daß eine Arbeit an Szenarien ohne die Unterstützung von Computern nicht denkbar ist. Nur so kommt man zu einer Vorausschau (dies ist ein bescheidenerer Ausspruch als der einer Voraussage), die aus mehr besteht als nur aus Lücken.

Zwei Bemerkungen seien dem angefügt. Die erste betrifft den Faktor Zeit. Es versteht sich von selbst, daß kurzfristige Voraussagen, etwa zwischen einem und fünf Jahren, wie sie von den Regierungen gerne benutzt werden, mit einem höheren Grad der Präzision und auch dementsprechendem praktischen

Anspruch erstellt werden können als mittelfristige, die einige Jahrzehnte umfassen oder gar langfristige Prognosen, die darüber hinaus gehen. Hier ist der Einbruch von Paradigmenwechseln, Katastrophen und Trendumkehren so wahrscheinlich, daß es übermenschlicher Voraussagekräfte bedarf (also nicht der Prognose, sondern der Vision), um zu einem Ergebnis zu gelangen.

Die zweite Bemerkung betrifft den Umfang des in Frage stehenden Ausschnittes der Realität. „Weltmodelle" sind die umfassendste Form, der globalen Zukunft Rechnung zu tragen. Es ist auch die Form, die weiterhin der größten Aufmerksamkeit einer nicht spezialisierten Öffentlichkeit sicher sein kann. Im Grunde sind sie die säkularisierten Nachfahren transzendentaler Offenbarung - zumindest wurden sie lange Zeit als solche gehandelt. Dagegen besitzen sektorale Prognosen einen erkennbaren instrumentalen Wert. Es sind Werkzeuge, deren sich die Politik bedient, um nicht vollständig vom Alltag und der Gegenwart ohne Perspektive aufgefressen zu werden. Die bei weitem meisten gehören zu dieser weniger spektakulären, gleichwohl unverzichtbaren Spezies. Die schon mehrfach zitierte Studie über „Methods in Future Studies" hängt sich deshalb nicht an die Arbeiten von Meadows, Pestel und anderen an, sondern an schwedische Regierungs-Studien über das Verhältnis von Energie-Verbrauch und Gesellschaftsentwicklung, über Ressourcen und Rohmaterial oder über das Verhältnis von Transportwesen und Transportreserven. Dies alles sind mittelfristige Studienfelder mit begrenzten, gleichwohl wichtigen Themenbereichen.

Zeitfaktor wie Themenwahl führen direkt zu der Frage nach den Auftraggebern und deren Interessen. Zukunftsforschung, das wird aufgefallen sein, ist personell wie finanziell aufwendig. Sie erfordert, intensiv betrieben, eine Forschungs-Organisation. Auftraggeber sind etwa große Konzerne oder Institutionen des Staates. Diese haben spezifische Interessen, die sie mit Hilfe der Zukunfts-Forschungen fördern wollen. Dem gegenüber stehen oft die „reinen" Forschungsinteressen, die nicht direkt in Zukunfts-Vorteile für den Auftraggeber umgesetzt werden können. Also gilt es, den „Sponsoren" klar zu machen, daß sogar Ergebnisse von Vorteil sein können, die den bisherigen Vorstellungen der Auftraggeber zuwiderlaufen.

Das gleiche gilt - was die Themenauswahl anbetrifft - für Regierungsstudien. Hier ist die Exekutive gegenüber jeder Opposition schon deshalb im Vorteil, weil sie durch bessere, von ihrem Apparat zugelieferte, Vorkenntnisse die Agenda der Zukunft leichter bestimmen könnte. Allerdings nimmt sie diesen Vorteil nur in beschränktem Umfang wahr. In den meisten Fällen wollen die Regierenden gar nicht wissen, wo sie global in zehn oder zwanzig Jahren stehen werden, sondern, woher sie dann ihr Öl beziehen können oder welche Bedeutung eine einplanbare Energiereserve bekommen wird. Lange vorbei ist allerdings die Zeit, in der ein Autor wie der Physiker Wilhelm Fucks, es war im Jahre 1965, munter drauflos extrapolierte und dann in seinen „Formeln der Macht" zu sensationellen, wirklich erschreckenden Ergebnissen kam. Da sank die „Macht" der USA nach dem Jahr 2000 von sechzig auf sechs Prozent, und China - 1965 erwachte nicht nur bei Konrad Adenauer das Interesse am „Reich der Mitte" - war in der Zwischenzeit auf das Zwölffache der Macht der USA angestiegen. Es waren heute belächelte Trendinterpolationen, auf geschichtlicher Erfahrung fortgeschrieben. Die Zukunftsforschung war damals von offensichtlichen Fehlprognosen lange Zeit so voll, daß man bald darauf verzichtete, sich derart apodiktisch zu äußern, wie man das bis in die frühen siebziger Jahre hinein getan hatte. Weil die Verführung groß ist, Prognosen zu wagen, die - erstens - dem eigenen Zukunftsbild entsprechen, die - zweitens - sich nicht allzu auffällig gegen einen wissenschaftlichen *mainstream* wenden und die - drittens - den hoffnungsvollen Ängsten der Auftraggeber nicht allzu kraß widersprechen, hat man seitdem auch subjektive Faktoren stärker in die Ergebnisse einkalkuliert.

Zum Verhältnis von Expertokratie und „gesundem Menschenverstand" eine letzte Bemerkung: Erst im Lauf der Zeit hat sich herausgestellt, daß der „gesunde Menschenverstand" durchaus mit den Ergebnissen computergestützter Programme mithalten kann. Schon in einer amerikanischen Studie aus dem Jahre 1984, in der 800 Experten über kurzfristige (5 Jahre) und langfristige Entwicklungen befragt wurden, zeigte es sich, daß

> „Menschen, von denen man annahm, daß sie größeres fachliches oder statistisches Wissen besäßen, nicht notwendigerweise die besseren Voraussagen machen [...]. Experten verlieren ihre Objektivität."

Und:

> „Wissenschaftlich erfahrene Experten, die versuchen, sich als 'weise Männer' aufzuspielen, haben in *dieser* Rolle keine Vor-züge gegenüber traditionell ausgebildeten Generalisten."

Interessant am Gesamtergebnis war übrigens, daß die Befragten - 1984! - in der Mehrheit sowohl eine Ausweitung der Atomwaffen voraussagten wie auch ein Weiterbestehen der militärischen Allianzen. Dabei gaben sie dem Warschauer Pakt höhere Überlebenschancen als der NATO.[46] Für die Abwanderung vieler Forscher von der „harten" Expertokratie wurden daher die Trendprognosen der sechziger und siebziger Jahre verantwortlich gemacht, „deren Aussagewert häufig viel geringer, ja vielfach sogar gefährlicher war als Einschätzungen, die auf Alltagserfahrungen und gesundem Menschenverstand beruhen."[47] Gefährlich, um das Wort aufzugreifen, können die Prognosen dann werden, wenn sie sich als „self fulfilling prophecies" im Bewußtsein der Menschen verselbständigen.

Mit Recht wurde deshalb bemerkt, daß Zukunftsforscher sich nicht der Illusion hingeben sollten, sie seien neutrale Instrumente in der Hand der Wissenschaft. Dennoch ist die Vorstellung, daß die Zukunft unter Ausschaltung subjektiver Vorlieben und Gefühle vorauszubestimmen sei, in der Vorstellungswelt vieler Zeitgenossen dominant. Jedenfalls ist die Annahme, durch bewußte menschliche Entscheidung, die auf Wissenschaft gestützt wird, könne die Entwicklung der Welt in ihrem

Lauf geändert werden, eines der wichtigsten Argumente einer „neuen Aufklärung" und damit auch des Entschlusses, sich der Zukunft und ihrer Erforschung ohne Wenn und Aber zu widmen.

## 4. Die Welt als Modell und Mode

Kein Zweifel, daß die Produkte der Technik und der Technologie nicht nur die Welt von Grund auf verändert haben - sie haben dieser Welt von Zeit zu Zeit auch die Grenzen ihres Denkens an- und mitgegeben. Von der Erfindung der Dampf- bis zur Atomkraft, von der Verbrennungsmaschine bis zum Telefon, von der Eisenbahn bis zum Düsenflugzeug, von der Mikroelektronik bis zur Gentechnologie haben sich die Anforderungen verändert, die der Mensch an sich selbst und die anderen gestellt hat. Bis vor wenigen Jahrzehnten hat man stolz davon gesprochen, es gebe keine innovativen Grenzen, an die sich der Mensch zu halten habe. Erst dann wurde die Einsicht zur Gemeinsicht, daß die Menschheit in ihrem wissenschaftlichen Handeln Folgerungen aus der Tatsache zu ziehen habe, daß sich eine endliche Erde vom Menschen nicht unendlich malträtieren lasse. Da hatte sie schon ein Riesenspielzeug, dessen Möglichkeiten als erweitertes menschliches Gehirn die Effektivität aller anderen bisherigen Werkzeuge überboten. Also bediente man sich bald überall des zugleich fortgeschrittensten und folgenreichsten dieser Werkzeuge: des Computers.

Es wäre ein Wunder gewesen, wenn seine Versuchung an der Zukunftsforschung vorübergegangen wäre. Schließlich war der „Feind" - die ungebremste technische Fortschritts-Euphorik - nur mit seinen eigenen Waffen zu schlagen. So entspricht die Art und Weise, in der sich die Forschung von den Möglichkeiten des Computers fortreißen ließ, der Logik dieses Spielzeugs. Denn es schien etwas zu ermöglichen, worum sich die Menschheit bis dahin umsonst bemüht hatte: die Gegenwart und die Zukunft zu „simulieren", sie sich (im Sinne des Wortes) „vorzustellen". Man stellte künstliche soziale und wirtschaftliche Wirklichkeiten nach, spielte Möglichkeiten, die sich in zehn oder hundert Jahren entwickeln konnten, in immer neuen Durchläufen durch. Einmal eingegeben, konnten Fakten und Daten in fast unbeschränkter - nur durch die Wahrscheinlichkeit begrenzter - Zahl variiert werden. Dann trat der Umschwung ein. Das fortgeschrittenste Instrument menschlichen Geistes verweigerte den Nachweis, daß der Traum vom ungehemmten Fortschritt jemals Wirklichkeit werden könnte. Jäh wohnte man einer Desillusionierung bei, die nicht auf individuellem Pessimismus beruhte, sondern auf dem erdrückenden Wahrheitsbeweis der Daten. Der Grundannahme der Moderne, dem Fortschritt, mußte Valet gesagt werden.

Damit begann die Ära der „Weltmodelle", die ja nichts anderes sind als die kommunikationstheoretisch fortgeschrittenste Form der Szenarien, die wir im vorhergehenden Kapitel beschrieben haben. Für viele wurden sie zur ausgearbeitetsten Form, die Zukunft im Vorgriff zu bewältigen. Die Orakel saßen nun nicht mehr auf dem delphischen Dreistuhl, sondern in den temperierten Räumen des Massachusetts Institute or Advanced Studies (MIT). Mit den „Modellen" - mathematisch an die Realität angenäherte Welten, reduziert auf das, was man für wichtig hält - erzeugte man eine künstliche, technische Realität des Would be, des „Was ist, wenn...". Mittels der Reduktion von Realität lieferte man soziale Verläufe und Kurven, die die aufgeklärte Menschheit das Fürchten lehrten. Nichts war leichter als das: Katastrophen vorauszusagen, denen die Menschheit in ihrer grenzenlosen Verbrauchsfreude - sei es der Güter oder der Genüsse - entgegenging. Die alttestamentarische Apokalypse wurde übersetzt in die graphische Dimension von exponentiellem Wachstum. Es zeichnet sich gegenüber linearem Wachstum dadurch aus, daß es nicht gleichbleibend, sondern immer schneller und damit immer gefährlicher wächst. Meadows bringt dazu folgendes Beispiel:

„In einem Gartenteich wächst eine Lilie, die jeden Tag auf die doppelte Größe wächst. Innerhalb von dreißig Tagen kann die Lilie den ganzen Teich bedecken und alles andere Leben im Teich ersticken. Ehe sie nicht mindestens die Hälfte der Wasseroberfläche einnimmt, erscheint ihr Wachstum nicht beängstigend; es gibt ja noch genügend Platz [...] Aber schon am nächsten Tag ist kein Wasser mehr zu sehen."

Von nun an sind es solche tödlichen Wachstumsraten, die im Mittelpunkt vieler Katastrophenszenarien stehen. Kein Zweifel: Die Forscher glaubten, zu Beginn der siebziger Jahre am Anfang einer neuen Ära zu stehen:

„Wir sind in ein neues Stadium sowohl der Politischen Wissenschaft wie des Studiums der Weltpolitik eingetreten. Es ist das Stadium der großflächigen, computergestützten Weltmodelle." (Karl Deutsch)

Mit Hilfe ihres Instrumentariums hatten die Zukunftsmacher, so glaubten sie jedenfalls, ein neues Stadium im Griff: Sie orteten ohne Auftrag die Gegenwart als den unheimlichen Quellort einer katastrophalen Endzeit. Diese hatte einzutreten, falls die Menschheit ihre (immer noch) innovativen Fähigkeiten nicht in den Dienst der Folgerungen stellte, die aus ihren Voraussagen zu ziehen waren.

Kein Zweifel, daß die so entstandenen „Weltmodelle" einen Großteil der Menschen unvorbereitet getroffen haben, unvorbereitet und deshalb wehrlos. Das Echo auf diese aus Laboratoriumsbedingungen entstandenen Visionen war ebenso breit wie tief. Die Studie von Dennis Meadows, „Die Grenzen des Wachstums" (1972), von den Nationalökonomen sogleich mit Mißtrauen aufgenommen, erschütterte Glaubenssätze, mit denen sie Jahrhunderte gearbeitet hatten und auf denen man glaubte, sich noch weitere Jahrhunderte ausruhen zu können. Der lineare menschliche Fortschritt wurde nicht nur als eine logische Unmöglichkeit entlarvt - er wurde als die Quelle sämtlicher künftiger Katastrophen geortet.

Meadows Modell reagierte auf nur fünf Hauptvariablen: Nahrung, Bevölkerung, Umweltverschmutzung, Rohstoffe und Industrialisierung. Es zeichnete den Weg nach, den die Welt gehen werde, wenn sie so weitermache wie bisher. Die damalige journalistische Zusammenfassung war angsterregend:

„Es steht schlecht um die Zukunft unserer Spezies, sehr schlecht. Wenn wir fortfahren, uns in dem Maße zu vermehren wie bisher, wenn Industrialisierung, Umweltverschmutzung, Nahrungsmittelmangel und Ausbeutung der Rohstoffquellen weiterhin so zunehmen, wie es gegenwärtig geschieht, dann wird schon vor Ablauf der nächsten hundert Jahre eine absolute Wachstumsgrenze erreicht. Bald darauf werden Hunger und Krankheit plötzlich eine rasche und unaufhaltsame Dezimierung der Menschheit verursachen. Nicht minder rapide wird die industrielle Kapazität kollabieren. Selbst wenn es uns gelänge, der Bevölkerungsexplosion augenblicklich Einhalt zu gebieten, könnten wir den Zusammenbruch unserer Zivilisation nicht mehr verhindern; es sei denn, die Menschheit fände sich alsbald in internationaler Einigkeit dazu bereit, freiwillig auf industrielles Wachstum zu verzichten, außerdem die Industrieproduktion gleichmäßig unter alle Völker des Planeten zu verteilen und eine Menge Bequemlichkeiten aufzugeben, die nur mit einer Belastung der Umwelt zu erkaufen sind. Dieses globale Equilibrium, für das hochindustrialisierte Staaten erhebliche Opfer zu bringen hätten, müßte spätestens im Jahre 1990 erreicht sein, also schon in achtzehn Jahren."[48]

Es war eine düstere Prognose, an der heute - 1996 - nur eine einzige Zahl optimistisch stimmt: 1990. Denn sechs Jahre nach der angesagten Katastrophe ist das von der Studie angestrebte Gleichgewicht der wichtigsten Faktoren noch lange nicht erreicht und dennoch die Welt nicht untergegangen; wiewohl die Zahl der menschlichen, staatlichen und Umweltkatastrophen ständig zunimmt. Die Zukunftswissenschaft hat daraus nicht die Folgerung gezogen, es sei unmöglich, verläßliche Daten für die Zukunft zu liefern; sie schob ihr Versagen darauf, daß ihre

Instrumente noch immer zu grob seien, um der Komplexität der Zukunft nahe zu kommen. Das Neue an dem, was sich daraufhin tat, läßt sich so beschreiben: An die Stelle der denkerischen Anstrengung trat die methodologische Verfeinerung. Es war die Reaktion auf einen Planeten, der sich gerade dadurch als endlich erwiesen hatte, daß seine Bewohner mit der Mondlandung in den Weltraum ausgewichen waren. An die Stelle von Wachstum als erstrebtem Ziel menschlichen Handelns wollte man nun Gleichgewicht als Produkt positiver und negativer Rückkoppelungen anstreben. Man forderte nicht mehr Besinnung und ethische Umkehr, sondern ein Umdenken in den Kategorien von Technik und Produktion, aber auch der Kategorie erschöpfbarer Reserven. Auf einem Umweg hielt pessimistisch getöntes, technokratisches Denken erneut Einzug in die Zukunftsforschung.

Die Wissenschaft gab sich seinerzeit zwar betont kühl. Sie wies nicht nur auf die „Grenzen des Wachstums" hin, sondern wenig später auch auf die Aussage-Grenzen ihres „vereinfachten Weltmodells". „Im Sinn einer exakten Voraussage haben sie keinen Aussagewert." Aber zugleich spülte ein missionarischer Glaube an die eigenen Fähigkeiten die Bescheidenheit hinweg. Das Modell wurde zu einer Art kategorischem Imperativ nach dem Muster: Handle stets so, daß Dein Handeln dem entspricht, was wir Dir als notwendige Konsequenz unserer Berechnungen aufgegeben haben. Mathematische Modelle wurden zu Präzeptoren der Welt, denn: Die nicht-mathematischen Voraussetzungen, auf denen man ihr Modell aufbaute, in Frage zu stellen, das hätte eine überdimensionale Bescheidenheit der beteiligten Wissenschaftler vorausgesetzt.

Die Diskussion ist seinerzeit vor allem von den Ökonomen geführt worden. Sie sahen in dem von Meadows propagierten wirtschaftlichen Nullwachstum die Gefahr, die Welt nicht zu sanieren, sondern sie beschleunigt dem Untergang zuzutreiben. So bezeichnet der Londoner „Economist" die Studie als „die Hochwassermarke altmodischen Unsinns", der angesehene amerikanische Wirtschaftsexperte Wallich nennt sie „ein Stück unverantwortlichen Unsinns", die New York Times Book Review findet sie ein „hohles und irreführendes Werk" (zitiert nach FAZ v. 22. Dezember 1972) Zweifellos würden heutige Rezensionen nicht mehr so aufgeregt klingen, da wir uns an Katastrophen-Szenarien bis zur Abstumpfung gewöhnt haben. Vor allem aber auch deshalb, weil ein Konsens darin besteht, daß die ökologische Sichtweise ihre Berechtigung hat und wir seit langem von der Vermählung von Ökologie und Ökonomie träumen.

Wenn im Mittelalter die den Menschen innewohnenden Ängste allein-seligmachende Sekten hervorgebracht haben, so brachten die zeitgenössischen Ängste neue Weltmodelle hervor. Oder besser: Weltmodelle und Sekten. Der Wirkmechanismus ist ähnlich: Widerstand und wirksamer Widerspruch sind nur von den Eingeweihten zu erwarten. Die anderen, die nur einen Blick auf die Ergebnisse tun können, bleiben sprachlos, weil ihnen das Geheimwissen - die Vorgänge während der Datensammlung gehören dazu - nicht zur Verfügung stehen oder weil sie die Denkvoraussetzungen der säkularen Sekten nicht teilen (sie möglicherweise auch nicht nachvollziehen wollen). Es kommt am Ende des 20. Jahrhunderts hinzu, daß sich auf dem Weg in die Öffentlichkeit die Wertigkeit der mitgeteilten Daten auf eine erstaunliche Weise verändert. Denn die von den Wissenschaftlern mitgeteilten Defizite und Ungenauigkeiten, auch Selbstzweifel - „Wie jedes Modell ist auch unser Modell unvollständig, stark vereinfacht und verbesserungsfähig"[49] - werden kaum beachtet, die herauspräparierten Wahrscheinlichkeiten dagegen in den Rang unbezweifelbarer Gewißheiten erhoben.

Schon bei Meadows wird allerdings Zweifel an der „moralischen Kraft der Menschen" geäußert und immerhin die Möglichkeit erwogen, daß sich der angestrebte Gleichgewichts-Zustand „in der skizzierten Form als unerreichbar erweisen" und möglicherweise „von den Menschen nicht gewünscht wird." Es findet auch die Einsicht Platz, daß die „materielle Ausrichtung des Modells" eine Umformung der erkenntnis- und entscheidungsleitenden Wertmaßstäbe der Weltgesellschaft notwendig mache. Zweifellos eine der grundlegenden Schwächen der Studie, die nicht hat aufgehoben werden können, ist die: Von einer Argumentation, die an die Vernunft nur insoweit appelliert, als sie ihr Versäumnisse in der Welt des Materiellen nachweist, ist mit großer Wahrscheinlichkeit kein ethischer, auf immateriellen Argumentationen aufbauender Neuanfang zu erwarten. Allerdings wird von Meadows u.a. anerkannt, daß Erfolge nur dann erreichbar sein werden, wenn eine „grundsätzliche Änderung der Wert- und Zielvorstellungen" die Welt ergreift. Andererseits entspricht es der instrumentalen Logik, einer Welt, die den transzendentalen Bezug verloren hat, am besten mit einer Argumentation auf die Sprünge zu helfen, die mit dem argumentiert, was diese am besten versteht: mit den quantitativen Größen. Dennoch bleibt der Sprung (man mag sagen: die Regression) in das wesenhaft Immaterielle unverzichtbar für die Wirkung, die Weltmodelle und andere Konstrukte auf den Menschen ausüben.

Das wird von deren Autoren nur selten ausgesprochen. Immerhin finden sich Äußerungen über eine spirituelle Ergänzungsstrategie. „Neue Einsichten", so heißt es, entstünden aus der Einsicht in die „Grenzen des Wachstums", das Denken müsse „neu strukturiert werden", das „Gesamtsyndrom" der Weltprobleme umfasse auch die Notwendigkeit „sozialer Innovation", die „Notwendigkeit, die grundlegenden Wertmaßstäbe in unserer Gesellschaft zu ändern"; die Zeit sei reif für eine „radikale Reform institutioneller Prozesse auf allen Ebenen". (Dahingehende positive Ergänzungen werden im nächsten und übernächsten Kapitel behandelt.) Die Größe der Aufgabe wird 1972 mit dem Satz gekennzeichnet, „daß praktisch eine geistige Umwälzung kopernikanischen Ausmaßes für die Umsetzung unserer Vorstellungen in praktische Handlungen erforderlich sein dürfte."[50]

Eine Schwäche freilich bleibt: Nirgendwo wird ernsthaft problematisiert, warum eigentlich Einsichten politisch nicht wirksam werden. Es ist dies eines der geläufigsten Defizite in der Geschichte denkerischer Zukunftsvorkehrungen. Was sich als komplex ausgibt und auch stolz darauf ist, ist noch lange nicht komplex genug, um als Realität der Zukunft vorgelegt werden zu können.

Doch nicht diesen Einwänden wurde in der folgenden, weiterhin auf Modelle und Szenarien setzenden Studie des „Club of Rome" Rechnung getragen, sondern der Kritik, daß es trotz aller globalen Vernetzung unübersehbar sei, daß sich die Welt nicht gleichförmig, sondern deshalb unterschiedlich entwickelte, weil sich ihre Krisensymptome in unterschiedlicher Schnelligkeit und in unterschiedlicher Intensität über die Welt ausbreiteten. Also traten Mesarovic/Pestel zwei Jahre nach den „Grenzen des Wachstums" mit einer Variante an die Öffentlichkeit, die nicht nur ein Tausendfaches an Verknüpfungsmöglichkeiten aufwies, sondern diesmal auch das Weltsystem als eine Struktur „untereinander abhängiger Subsysteme" begriff, die als Regionen definiert wurden. Die Autoren argumentierten - eine Antwort auf Meadows MIT-Studie - daß die Welt schon dadurch an ihre Grenzen komme, daß man sie „als einförmige Einheit auffasse". Sie werde dann nämlich notwendigerweise gleichzeitig als Ganzes zusammenbrechen. Dem aber sei nicht so. Deshalb fächerten sie die Welt nicht nur in zehn Regionen auf, sondern auch in verschiedene Darstellungsebenen mit unterschiedlicher Verknüpfung und Abhängigkeit: die ökonomische Ebene, die Technologie-Ebene etc.

Wenn sich damit die Methodik verfeinert hatte, so waren die Ergebnisse - wie nicht anders zu erwarten - in ihrer praktischen Verwertbarkeit weiterhin unbefriedigend. So ist es seither geblieben. Die Studien des Club of Rome haben Problembewußtsein geweckt. Sie haben aber auf das soziale oder politische Gesamtbild der Welt keinen nennenswerten Einfluß ausüben können. So bleibt das Paradoxe am Boom der Weltmodelle, daß sie erstaunliches, vor allem erschreckendes Material über die Zukunft der Welt produzierten und darboten, in ihrer Therapie aber merkwürdig blaß blieben. Auf die Frage: „Was ist zu tun?" überstiegen ihre Kommentare kaum das, was Intuition und Erfahrung auch hätten sagen können. Dazu gehören z.B. Sätze wie diese:

„Die Lösung der Krisen ist [...] nur langfristig in einem globalen Rahmen möglich."[...]

„Es ist eher möglich, die Krisen durch Kooperation als durch Konfrontation zu lösen",

oder:

„Daß engstirniger Nationalismus nutzlos ist und stets in eine Sackgasse führt, muß ein für allemal eingesehen und quasi als ein Gesetz anerkannt werden."

Zudem haben sich auch die militärpolitischen Konsequenzen, wie sie diagnostiziert und wie sie tatsächlich stattgefunden haben, weit auseinanderentwickelt.

„Zu einem dauerhaften Frieden wird die Welt weder durch Friedens- und Konfliktforschung noch durch ständig neue, sich immer länger hinziehende, mit faulen Kompromissen überladene Sicherheits- und Abrüstungskonferenzen gelangen, sondern nur, wenn es gelingt, das Weltsystem vom undifferenzierten Wachstum in ein organisches Wachstum zu lenken."[51]

Das klingt wie die Stimmen talentierter Amateur-Politiker, die dasselbe tun, was sie an weniger talentierten Amateur-Politikern kasteien: vom Detail auf das Ganze zu schließen.

Der Gerechtigkeit halber muß gesagt werden, daß die technokratische Grundanlage in der „Gestaltung des Mensch-Computer-Dialogs" zwar auch bei den folgenden Anläufen die Oberhand behielt, daß aber die Einsicht seither nicht mehr verschüttet werden konnte, daß „die wirklichen Grenzen des Wachstums sozialer, politischer und psychologischer Natur" seien.[52] Wenn die Weltmodelleure das auch einsahen, so bewegten sie sich doch weiter in den ihnen eigenen Grenzen, den Grenzen des Machbaren. Das Nicht-*Machbare* blieb weitgehend außerhalb ihres Gesichtskreises. Das Nicht-Quantifizierbare war eben nicht (oder nur höchst unvollkommen) in Computerprogramme zu integrieren, weshalb - wie erwähnt - schon Meadows befunden hatte: „Die wichtigsten Hintergrundinformationen, die noch fehlen, beziehen sich auf die moralischen Werte und Wertmaßstäbe."[53] Ultimativ haben Mesarovic/Pestel die Grenzen ihrer Möglichkeiten damit skizziert, daß sie die Forderung nach einer neuen Weltethik einbrachten, ohne die nichts funktionieren werde:

„Ein Weltbewußtsein muß entwickelt werden, mit dem jeder seine Rolle als Weltbürger begreift [...]. Eine neue 'Konsum-Ethik' muß entwickelt werden [...]. Sparen und Erhalten sollten wieder Eigenschaften werden, die in der Wertschätzung höherstehen als 'Großzügigkeit', die sich in Verschwenden und Wegwerfen manifestiert [...]. Mit der Natur soll der Mensch in Harmonie leben, statt sie rücksichtslos erobern zu wollen."[54]

Müssen und sollen - das sind kategorische Imperative ohne den Zwang der Realisierung. Dahinter verbirgt sich weder ein Zwang zu individueller Einsicht noch zur kollektiven Vernunft. Das Thema der ethischen Verpflichtung, die Welt auch für die kommenden Generationen zu erhalten, steht als nächste Etappe auf dem Weg an, der kollektiven Selbstvernichtung durch Zukunfts-Bedingungen, die man selbst schafft, zu entgehen.

Diesem Befund soll ein Postscriptum angefügt werden: Es lohnt sich nämlich, einen Blick auf Vergangenheit, Gegenwart und Zukunft des „Club of Rome" zu werfen, der über seine Weltmodelle zu einer Art Schaltstelle und Mittelpunkt pessimistischer Zukunftsprognosen geworden ist. Die von ihm ausgehende Schule, die für sich ablehnt, „Futurologie" zu betreiben, dies jedoch in einem eminenten Maße tut, beschwört nicht vor allem Zukunft, sondern stellt sie auch in politpädagogischer Absicht dar. 1968, im Jahre der Studentenrevolten gegründet, doch sie überdauernd, vertreten seine etwa 100 Mitglieder vieler Wissenschaftsrichtungen das „Prinzip der Leistungselite". Die besprochenen ersten Berichte an den „Club of Rome" haben Furore gemacht; in vielen Millionen Exemplaren in 30 Sprachen wurden die „Grenzen des Wachstums" verkauft. Dagegen fiel die öffentliche Aufmerksamkeit bei den folgenden zwanzig Publikationen ab. Im Jahre 1991 wurde mit „Die globale Revolution" der erste Bericht des Clubs als Gemeinschaftsproduktion vorgestellt. Hatte man 1968 auf den Begriff der „Weltproblematik" eine Art Copyright erheben können, so lenkte man seine Blicke nun auf die „Weltlösungsstrategien" - und mit dem „Globalismus" setzte man zugleich eine Begriffsbildungs-Strategie fort, die seitdem die Theorie der Internationalen Politik beherrschte. Doch auch das konnte den Bedeutungsverlust des Clubs selbst nicht aufhalten. Das lag zum einen an der zunehmenden Konkurrenz: Ökologie wurde ein Thema der praktischen Politik, Welt-Konferenzen wie der Umwelt-Gipfel von 1992 in Rio oder die Klima-Konferenz des Jahres 1995 in Berlin monopolisierten trotz fehlender Ergebnisse die Aufmerksamkeit der Öffentlichkeit. Eine Abkehr der Staaten dieser Welt von einem engherzigen Nationalismus wurde weder von der UN noch vom „Club of Rome" erreicht. Dessen Präsident, der Spanier Ricardo Díez-Hochleitner, erklärte im Jahre 1995 sogar resignierend:" Wir fragen uns bei jeder Sitzung, ob wir weitermachen sollen. Zu einer Auflösung, das muß ich zugeben, fehlt uns bislang der Mut."[55]

## 5. Der Wert der Werte

Spätestens seit der Mitte der achtziger Jahre sind sämtliche fremd- oder eigenproduzierte Geißeln der zeitgenössischen Menschheit benannt. Sie lassen sich in immer anderen Zusammenstellungen variieren, aber es treten kaum neue hinzu. Gerade weil die globalen Gefährdungen des Menschen so unabwendbar erscheinen (zumindest so dargestellt werden), terrorisierten sie die Öffentlichkeit nicht auf unabsehbare Zeit. Sie verloren ihren Schrecken, seitdem sie nicht mehr den Schock verbreiten, der allein aus Menschen „neue" Menschen macht.

Im Vorwort zur 1991er Auflage seines Buches „Wendezeit - Bausteine für ein neues Weltbild" (1982) stellte Frithjof Capra (nicht zum ersten Mal) all das vor, wovor wir heute Angst zu empfinden hätten:

„In ihrer Diagnose der 'ökologischen Gesundheit' stellten [die Berichte des ökologischen Worldwatch-Instituts in Washington] Jahr für Jahr dieselben alarmierenden Trends fest. Der Waldbestand der Erde geht zurück, während sich die Wüstengebiete ausbreiten. Der fruchtbare Boden wird immer weniger und die Ozonschicht, die uns vor schädlichen Strahlen schützt, immer dünner. Die Dichte der wärmespeichernden Gase in der Atmosphäre nimmt zu, während die Anzahl der Tier- und Pflanzengattungen sich verringert. Die Weltbevölkerung wächst weiterhin, und die Kluft zwischen den Reichen und den Armen wird immer größer [...]. Nach den Umweltkatastrophen der Achtzigerjahre - Seveso, Bhopal, Tschernobyl und Basel - sind Umweltprobleme und Umweltdenken in den Mittelpunkt der öffentlichen Aufmerksamkeit gerückt. Die Sorge um unsere natürliche Welt ist heute kein Nebenanliegen mehr. Umweltbewußtsein ist zum Kontext für alles andere geworden - für unser Leben, unsere Arbeit, unsere Politik."[56]

Damit tritt etwas auf, das unser Denken tatsächlich fundamental verändert: Die Umwelt wird wichtiger als die menschliche Welt. Was sich um den Menschen herum bewegt, wird für sein Überleben von größerer Bedeutung sein als er selbst.

Für den Zustand, der den Menschen in einer solch gefährlichen Situation befällt, hat der Amerikaner Alvin Toffler schon im Jahre 1965 den Begriff „Zukunftsschock" geprägt. Es sei ihm klargeworden,

„[...] daß der Zukunftsschock keine in weiter Zukunft liegende Gefahr ist, sondern sich bereits heute als echte Gefahr manifestiert, an der immer mehr Menschen leiden [...]. Es ist die Krankheit der Veränderungen."[57]

Gemeint ist damit dies: Der Mensch ist nicht mehr Herr der Zustände, die er schuf; er selbst wird von der Schnelligkeit ergriffen, mit der er die Verhältnisse um sich herum ruiniert.

Chronologisch gesehen muß man feststellen, daß sich der Run auf die gefährlichen Daten, in denen sich die Krise der Welt manifestiert, und die gefährlichen Zustände, in die sich der bewußt lebende Mensch hineinmanövriert, überlappen. In ihrem Aufmerksamkeitswert vermochte allerdings keine andere Form der Zukunftsbewältigung dem „Weltmodell" nachzueifern, das alles präzis enthielt, was die Menschen unpräzis empfanden. Aber der Vorrat an *neuen* schockierenden Fakten, die den Menschen aus dem Tritt brachten, nahm doch langsam ab. Und ebenso langsam wurde ihm alltäglich, daß nach den Wenn-Dann-Voraussagen die Selbstvernichtung ins Haus stand. Er gewöhnte sich daran, mit dem Schrecken zu leben. Und zugleich wurde ihm bewußt, daß er mit Datenreihen allein nicht fähig sein werde, dem, was kommen sollte, zu widerstehen. Der Begriff des „Fortschritts" wurde selbst denen suspekt, die als „Progressive" Anlaß gehabt hätten, sich weiter an ihn zu klammern. Die Klage über die Zerstörung der Natur, ein Konservatismus, der den erreichten Fortschritt nicht mehr nur am erreichten Lebensstandard maß, war nicht zu verdrängen. Ohne daß allüberall die Formel von der „Sinnkrise" der westlichen Welt zu vernehmen war, hörte man doch immer öfter die Frage nach dem „Wozu" menschlichen Daseins. Nachdem die Faszination der Modelle und Szenarien verblaßt war, erschienen deshalb seit den siebziger Jahren Dutzende von Büchern, die sich mit zwei Fragen beschäftigten:

1. Wenn es wahr ist, daß wir am Ende einer Geschichtsepoche stehen (werde sie zur „Postmoderne" umformuliert oder nicht), dann müssen wir uns die Frage stellen: Wie sollen wir uns auf diesen geschichtlichen „Paradigmenwechsel" einstellen? Gelingt uns der Sprung in die neue Zeit mit dem vorhandenen Vorrat an Ideen und Idealen?

2. Wie gelingt es, den „Zukunftsschock" so zu überstehen, daß eine „langfristige Tragfähigkeit" (Lester Brown) der Geschichte gewährleistet bleibt? Denn danach wäre eine Gesellschaft nur dann lebensfähig, wenn sie ihre Bedürfnisse befriedigen kann, ohne die Chancen künftiger Generationen zu gefährden. Niemals zuvor wurde deshalb der Verwobenheit von Gegenwart und Zukunft solche Bedeutung zugemessen.

Merkwürdig war, daß alle immer alles im Sinne hatten. Um eine Lösung aller Probleme zu erreichen, zog man aber jeweils *einen* einzigen Faden aus dem legendären „Netzwerk" der Multidimensionalität, in das wir alle verwoben sind, erklärte aber zugleich, daß dies *der* Faden sei, den es reißfest zu machen gelte, damit die ganze Welt nicht einstürze. Toffler zum Beispiel bediente sich des „Endes der technokratischen Planung" um klarzumachen, warum der „Zukunftsschock" nicht von einem x-beliebigen Wandel verursacht werde. Er ist kein Anti-Planer. Im Gegenteil. Er möchte nur die rein ökonomische Basis der herkömmlichen Planung überwinden, um einer „weitsichtigen, humanen und demokratischen" Planung Platz zu schaffen. Was für den politischen Bereich dabei herauskommt, ist nicht mehr und nicht weniger als eine technisierte (heute wohl digitalisierte) Form der guten alten Demokratie. Nicht die Inhalte werden verändert, sondern die Formen der Austragung von Konflikten. „Zukunftsversammlungen" schwebten ihm schon in den siebziger Jahren vor, Formen der politischen Kommunikation, wie sie dann im Jahre 1993 Präsident Clintons Mitwettbewerber Ross Perot mit seinen elektronischen „town hall-meetings" propagiert hatte. Jeder, den danach dürstete, sollte Rederecht genießen. Die Phantasie an die Front, so lautete der Schlachtruf, ein bißchen im Sinne Dieter Senghaas'. Dieser spricht davon, daß es ein Unglück sei, wenn das angesammelte *Wissen* der Menschheit über ihre Zukunft in der Praxis ungenutzt bleibe. Aber natürlich blieben so elementare Fragen unbeantwortet, die lauteten: Auf welche Weise sollen erstrebenswerte Formen der Zukunft festgesetzt werden? Und von wem? Wer gibt die Zielvorgaben für die Zukunft? „Öffnung" ist Tofflers Stichwort, Öffnung für Minderheiten, national und international. Eine „massive globale Übung in Zukunfts-Demokratie" war sein Ziel. Man übt auf die Zukunft hin, so wie man Feuerwehrübungen für den Ernstfall abhält. Der Versuch, meinte er, „den Menschen ihre Zukunft aufzuzwingen, wird sicher nicht praktikabel sein."[58] Aber ob es im Zeitalter des „Superindustrialismus" mit seinen Mitteln besser gehen wird, muß bezweifelt werden.

Toffler hat - wie gesagt - ein „Ende der technokratischen Planung" im Auge. Frithjof Capra, stärker vom europäischen Kulturpessimismus geprägt, eine weltweite „Krise der Wahrnehmung." Deshalb entwickelte er sich bald zu einem der Gurus einer „tiefen", nicht „seichten", d.h. anthropomorphen Ökologie. Bemerkenswert ist seine Beobachtung eines „auffallenden Zusammenhangs zwischen dem Wandel der Denkweise und einem Wandel der Werte". Auch bei ihm erscheinen schon bekannte Begriffe: der Begriff der Interaktion, der Vernetzung, des ganzheitlichen Denkens. Die Schwächung des Gemeinwesens wird aus einer Erkrankung der „Energiestruktur der Lebenskraft" erklärt. Von der Psychologie über die Biologie bis zur Physik ist bei Capra alles auf ein einziges Bewußtseinsspektrum hingeordnet.

„Am Ende des Bewußtseinsspektrums gehen die transpersonalen Spektralbänder in die Ebene des kosmischen Bewußtseins über, auf der man sich mit dem ganzen Universum identifiziert."[59]

Hier schlägt nun der Paradigmenwechsel in Mystik um. Aus transpersonaler Psychologie wird ein kurzer kühner Sprung, mittels dessen der neue Mensch in die neue Welt gelangt. „Sanfte Energie", vor allem Solarenergie, müsse von nun an den Vorrang bekommen, Werbung müsse verschwinden, da sie niemals die „sozialen Kosten" der Produkte erwähne, für die sie werbe. Die Neustrukturierung von Information und Wissen mache neues Wissen verfügbar, das zum Eintritt in das

„Solarzeitalter" notwendig sei. Die Einzelheiten interessieren hier nicht weiter; wichtig ist die Abkehr von den „harten" Fakten einer sterbenden Welt. Nicht nur mit Toffler bekommt das „neue" Denken einen leicht sektiererischen Zug. Die Erkenntnis, daß die Welt gefährdet ist, führt dann nicht dazu, nach praktikablen Heilmitteln zu suchen, sondern sich von *dieser* Welt abzukehren. Nur eine solche Abkehr durch die Hinwendung an ein „Kosmisches Bewußtsein" rettet den Einzelnen wie das Kollektiv. Nur wer glaubt, wird selig!

6. Die Wiederentdeckung des Menschen

Die „Weltmodelle" waren eine Mode, ausgelöst durch den Computer. Er vermittelte uns zum bisher letzten Mal die Illusion, Herr unserer Zukunft durch künstlich angehäuftes und gesteuertes Wissen werden zu können. Bis zu einem gewissen Grade ist dieser Stolz berechtigt, aber eben nur bis zu einem gewissen Grade. Nachdem sich die Computer-Beherrscher genügend geirrt hatten, ihnen ihre Brüder im Geist da und dort sogar logische Sprünge nachgewiesen und die Voraussetzungen ihrer Berechnungen bezweifelt hatten, nahm schließlich der Glaube an die unwidersprechbaren elektronischen Orakel ab. Zudem zeigt es sich, daß Zahlen zwar furchtbare Global-Katastrophen herbeirechnen können - in den Herzen der Menschen fanden sie keinen Halt. Damit verfehlten sie auch ihre Umsteuerungsfunktion. Denn sie sollten die Menschen zur Umkehr bewegen, sollten sie auf den richtigen Weg zurückbringen, von dem sie die ökonomisch und technologisch begründete Vernunft abgebracht hatte.

Die Probleme blieben deshalb mit und ohne Computerdurchläufe dieselben: das Wachstum der Erdbevölkerung, die Verwüstung der Natur, die Arbeitslosigkeit. In keiner der Berechnungen war vorgesehen, was man dagegen tun müsse, außer einem wirtschaftlichen Nullwachstum - die schwerste aller Askesen. Mit globalen Modellen, auch dann, wenn sie mit regio-

nalen „Fenstern" versehen sind, durch die auf die etwas näher-
liegende und deshalb vertrautere soziale Landschaft zu sehen
ist, dürfte bis heute der grundlegenden Krise der Menschheit
nicht beizukommen sein. Computer sind im Wortsinn nicht
„liebenswürdig". Und ebenso wenig sind es deren Ergebnisse.
Sie erzeugen intellektuelle Schocks, aber keine menschliche
Betroffenheit.

Der Mensch hat es nicht gern, wenn man ihn in den Sackgas-
sen stecken läßt, in die er sich selbst hineinmanövriert hat.
Zwar verzeichnen die achtziger Jahre noch Nachhutgefechte
der Weltmodell-Mode. Dann hatte diese ausgespielt, und neue
Propheten fanden Zuspruch. So ist seit den neunziger Jahren
ein neuer Trend zu vermelden. Danach soll zu den alten Rezep-
ten in neuer Form zurückgekehrt werden. Totgeglaubte Schlüs-
selbegriffe wie Nationalkultur, Wertvorstellung, politische
Ethik, kulturelle Kreativität und Identität öffnen Törchen und
Tore zu altneuen Welten, zu denen die Menschen erneut Einlaß
suchen und finden. Sie werden als Schlupflöcher gebraucht für
den Fall, daß es der Menschheit gelingen sollte, die vorausge-
sagten Katastrophen über die Jahrhundertwende hinaus zu
überstehen.

An den Beispielen von Toffler und Capra wurde über solche
Vorgänge schon einiges gesagt. Bemerkenswert an dem bisher
letzten Wandel ist etwas anderes: Die Denktanks wechselten
ihre Füllungen. Wer sich etwa den „Laszlo-Report" (1992)
vornimmt - Ernst Laszlo ist ein ungarischer Philosoph mit sy-
stemischen naturwissenschaftlichen Neigungen, der sich früh
dem „Club of Rome" und Ernesto Peccei, seinem Gründer,
verbunden hat - muß sich mit Verwunderung fragen, ob man
seit dem Erscheinen der „Grenzen des Wachstums" im Jahre
1972 zwanzig Jahre vorwärts oder hundert Jahre rückwärts ge-
schritten ist. Nicht im Rückfahren des Energieverbrauchs oder
staatlich angeleiteter Geburtenkontrolle wird bei Laszlo das
Heil der Zukunft gesehen, sondern in einer Bewußtseinsverän-
derung, die von der „Koexistenz" zu einer „Interexistenz" führt.
Das ist die neue Zauberformel für planetarisches Überleben.

„Die interexistentielle Logik beruht auf folgenden Gesetzen, die in ihr enthalten sind: Es gibt lediglich ein 'Du *und* ich', ein 'Sie *und* wir'. Das 'Ich *oder* Du' oder 'Wir *oder* Sie', von Egoismus und Durchsetzungsvermögen eingegeben, wird ersatzlos gestrichen. Damit haben Menschen wie Gemeinschaften die Möglichkeit, sich an kollektiven Spielen zu beteiligen, bei denen jeder gewinnt."[60]

Bis dahin waren „Nullsummenspiele" bei denen sich - sollen sie ihren Zweck erfüllen - Gewinn und Verlust die Waage halten müssen, immer häufiger von negativen Nullsummenspielen, bei denen jeder verliert - etwa beim atomaren Wettrüsten - abgelöst worden. Hier wird nun auf menschenfreundliche Alternativen abgehoben, die freilich erst eingeübt werden müssen. Denn die individuellen wie kollektiven Mitspieler werden erst dann von der Nützlichkeit der angestrebten mentalen Veränderungen zu überzeugen sein, wenn es sich auch im Alltag herausstellen sollte, daß ihr Dasein durch gegenseitige Abhängigkeit nicht nur im lokalen, sondern auch im globalen Maßstab definiert ist. Das „Denke global, handle lokal", das schon zwanzig Jahre vorher bei Capra auftauchte, wird erneut aktuell. Nicht nur die Bilder zur Beschreibung des Zustandes, in dem sich die Welt befindet, werden ausgewechselt:

„Die Komplexität, auf die wir stoßen [...] ist nicht die Komplexität eines Mosaiks aus lauter Steinchen, sondern [...] die Komplexität einer Symphonie, auch die wissenschaftlicher Konzepte."[61]

Die Bifurkations- und Chaostheorie werden entdeckt, Irreversibilitätstheorien und die Theorie der intersystemischen Konvergenz. Was heißt das? Was das Chaos angeht, das Folgende:

„Unter Chaos versteht man üblicherweise Unordnung, während die Wissenschaft damit eine bestimmte und zwar sehr subtile, komplexe und ultrasensible Ordnung meint."

Und was die „Irreversibilität", d.h. die Unumkehrbarkeit technologischer Prozesse angeht, so ist sie mit der dahinterstehenden Erkenntnis versehen:

> „Bei den unterschiedlichen Lösungsmöglichkeiten zu einem Problem setzen sich nur diejenigen durch, die sich als wahre Verbesserungen hinsichtlich Wirkung und Effizienz erweisen."[62]

Die Fragen, die danach zu stellen sind, lauten von nun an anders als in den vorhergegangenen Dekaden. Wenn Entwicklung nicht linear verläuft und sich immer wieder spaltet (Bifurkation) und wenn sich von vielen anderen nur *eine* Entwicklungslinie „fortpflanzt", dann ist es vor allem wichtig, auf diese einzig richtige von vielen möglichen zu setzen. So haben wir nicht mehr die „klassische" Frage der Zukunftsforschung, die lautet: „Was geschieht, wenn...?" sondern: „Wer setzt sich in der Auseinandersetzung der Denkmöglichkeiten durch und warum?" In der gegenwärtigen Phase - Laszlo schreibt von der fünften „Kaskade" der „steigenden Belastung des globalen Sozio-Ökosystems" - ist es nun nicht mehr notwendig, sich innerhalb eines Systems technologischer „Bifurkationen" zu entscheiden. Denn alle Entscheidungen fallen auf humanem Gebiet, sind bedingt durch die universelle Lage, aus der sich die Ziele ergeben. „Ein vielversprechender Weg zu unserem Ziel ist die Kreation einer neuen Allianz zwischen Wissenschaft, Kunst und Religion."[63] Das heißt: Wir kehren hinter das Zeitalter der doktrinären Aufklärung zurück. Das erfreut zwar Herz und Verstand desjenigen, der sich immer schon fragte, wem es dienen sollte, wenn der Mensch mit dem Alleinvertretungsanspruch seiner instrumentellen Vernunft auf einen Teil seiner Wahrnehmungsfähigkeit verzichtet. Schließlich mußte die Frage erlaubt bleiben, wie eigentlich eine noch so „fortgeschrittene" menschliche Welt ohne Transzendenz auf die Dauer existieren wolle. Doch löst solche Freude die bange Beängstigung aus, welches der Gesetze eigentlich das stärkere sei: Das von der Irreversibilität der technologischen Prozesse, die keine anderen Götter neben sich dulden oder ein humanes Ethos, das es ablehnt, einen Teil der menschlichen Merk- und Lernfähigkeit als nicht existenznotwendig beiseite zu legen. Es gibt schließlich geschichtliche Entwicklungen, mittels derer nicht nur - bildlich gesprochen - menschliche Gliedmaßen, sondern auch Glaubensinhalte amputiert worden sind.

Gegen Ende nähern sich Laszlos Erörterungen (wie das oft bei Traktaten dieser Art der Fall ist) wieder einmal der Realitätsferne der meisten Reformbewegungen des 20 Jahrhunderts:

> „Für ethisch handelnde Menschen nimmt jedes Ding die lebhafte Farbenpracht moralischer Bedeutung an; kaum etwas bleibt grau oder neutral [...]. Eine aus dem fahrenden Auto herausgeworfene Plastiktüte [...] erzeugt [...] in einem solchen Menschen Abscheu, wenn nicht gar körperliche Schmerzen."[64]

Das Heil liegt also in der Umsteuerung von Wertvorstellungen; wieder einmal erscheint ein „neuer Mensch" am Horizont. Zweifellos hat es solche Konversionen gegeben. Aber ob sie genügen werden, die Welt vom Abgrund zurückzureißen, sei bezweifelt. Es gibt allzu viele Gründe, warum wir uns vor allem mit Krisenbewußtsein, und nicht mehr mit dem „Prinzip Hoffnung" Ernst Blochs panzern, um der befürchteten, aber eben doch kaum „verarbeiteten" Katastrophe zu entgehen.

Schon fast zwanzig Jahre vor Laszlo hatte der deutsch-amerikanische Philosoph Hans Jonas am bisher konsequentesten und eindrucksvollsten die Geschichte vom „endgültig entfesselten Prometheus, dem die Wissenschaft nie gekannte Kräfte und die Wirtschaft den rastlosen Antrieb gibt", zu Ende gedacht. Er begnügte sich nicht mit Appellen an das Zukunftsbewußtsein, sondern sagte einfach: Eine Zukunft mit solch unübersehbar neuen Dimensionen läßt sich nicht mit einer Ethik bewältigen, die für ganz andere Größenordnungen gedacht war. Eine neue Ethik ist das Gebot der geschichtlichen Stunde. Wenn frühere Verheißung in Drohung umschlägt, muß mit ihr heute anders umgesprungen werden. Es ist eine Herausforde-

rung, die aus der „vorausgedachten Gefahr" und dem „Wetter-
leuchten aus der Zukunft" ihre Aktualität bezieht. So hat er -
damit den Gegensatz zu den utopischen Verheißungen Ernst
Blochs und seinem „Prinzip Hoffnung" markierend - das „Prinzip Verantwortung"[65] postuliert. Was ihn von den Schreckens-
bildern der Weltmodelleure unterscheidet, ist der Satz:

„Da es nicht nur um das Menschenlos, sondern auch um das
Menschenbild, nicht nur um das physische Überleben, sondern auch um die Unversehrtheit des Wesens geht, muß die
Ethik, die beides zu hüten hat, über die Klugheit hinaus, eine
solche der Ehrfurcht sein."

Es ist ein Satz, der von denen, die heute für das „Zeitalter der
Kommunikation" verantwortlich sind, nicht gedacht werden
darf. Denn die haben es nicht nur mit einer „virtuellen Wirklichkeit", sondern ebenso mit einem „virtuellen Menschen" zu
tun. Ihr Credo absoluter Künstlichkeit erlaubt es gar nicht
mehr, den Menschen in seiner Schwäche und seinen Wider-
sprüchen, in denen aber gerade seine Würde liegt, zu sehen. Sie
produzieren Menschen ohne diese Würde.

Jonas' Satz ist schon 1977 geschrieben worden, angesichts
eines immer schnelleren Wandels, mit dem die Zukunft in die
Gegenwart stürzt, aber ohne modischen Vorlauf. Er postuliert
eine „erweiterte Zukunftsdimension" und wendet sich zugleich
gegen die „Utopie" der weltweiten technologischen Fort-
schritts-Dynamik. Jonas' „Tractatus technologico-ethicus" hat
sich ein bescheideneres Ziel gesetzt: Er gibt zunächst der Einsicht Raum, daß die moderne Technik in der Unentrinnbarkeit
ihres Zugriffs unterschiedlich sei von allen vorausgegangenen
Techniken und daß dieser Einsicht Rechnung getragen werden
müsse. Er setzt nicht Furcht und Angst als ein Antriebsmittel
ein, das uns aus einer verfehlten Gegenwart in eine unerträgli-
che Zukunft geleitet. Seine Hoffnung ruht auf einer „Zukunfts-
ethik", die deshalb erarbeitet werden muß, weil die „Fernwir-
kungen" der technischen Welt so stark geworden sind, daß sie
sich ohne denkerische Überwachung der Kontrolle entziehen

werden. So ist er der Auffassung, „der Unheilsprophezeiung ist mehr Gehör zu geben als der Heilsprophezeiung." Sein Traktat ist deshalb auch das Dokument eines großen denkerischen Abschieds, des Abschieds von der Utopie und ihrer Apotheose: des Marxismus. Noch einmal faßt er zusammen, was uns immer wieder begegnet ist:

> „Die Frage ist im Letzten gar nicht, wieviel der Mensch noch zu tun imstande sein wird - hier darf man prometheisch-sanguinisch sein - sondern wieviel davon die Natur ertragen kann."[66]

Damit hat - das ist seine stille Radikalität - mit Jonas das Zeitalter der Utopie als der Gedankenhilfe, mit der sich der Mensch aus einer mageren Gegenwart in eine erfüllte Zukunft geflüchtet hatte, sein Ende gefunden. Denn sein Schlüsselbegriff der Verantwortung erlaubt keine Flucht aus der Gegenwart mehr. Eng sind Gegenwart und Zukunft miteinander verflochten. Doch wird der Raum für die Zukunft damit nicht kleiner. Im Gegenteil: Indem sich die personale Verantwortung dem menschlichen Leben aufzwingt, erweitert sie sich bis in dessen Alltag hinein, ist im Grunde allgegenwärtig.

In diesem Sinne wendet sich Jonas gegen den Marxismus. Er konfrontiert ihn keineswegs mit dem Vorwurf des Anti-Humanismus, sondern mit der Feststellung, daß seine „Muße-mit-Fülle"-Utopie - („Das erste Erfordernis der Utopie ist materielle Fülle zur Befriedigung der Bedürfnisse, das zweite: Leichtigkeit der Aneignung dieser Fülle".[67]) - im gegenwärtigen Stadium der Geschichte die falschen Fragen stellt. Jonas ist der Sprecher einer „tieferen" Ökologie, obwohl er den Problemen der Gegenwart - dem Nahrungsproblem, dem Rohstoffproblem, dem Energieproblem - durchaus ihre Bedeutung läßt. Er weist dem „Segenserfolg des Nahen" den gebührenden Platz zu, gleichwohl will er der „Stimme der Vorsicht im Fernen" einen Ausdruck geben, die sie bisher nicht gefunden hat. So inszeniert er das „Ende der Utopie" nicht als eine anti-sozialistische

Fanfare, sondern als Abschiedsvorstellung des prometheischen Menschen aus der Geschichte:

„Die Utopie [...] *das* unbescheidene Ziel par exellence, muß man sich aus dem Kopf schlagen, mehr noch, weil schon ihre Anstrebung zur Katastrophe führt, als weil sie auch auf keine in sich lohnende Dauer existieren kann." (329)

Was er will, ist „die Verbesserung der Bedingungen ohne Köder der Utopie", denn „es gibt kein Reich der Freiheit außerhalb der Notwendigkeit." (365) Seine kurzgefaßte, skeptische Konsequenz:" Dem erbarmungslosen Optimismus steht die barmherzige Skepsis gegenüber." (386)

Was Jonas von den Unglückspropheten absetzt und weswegen er als so bedeutender Denker erscheint, der versucht, das Neue in der postindustriellen Welt zu bewältigen, ist dies: Er setzt nicht auf die Furcht als Vorstufe der Veränderung, sondern auf eine Dialektik von Furcht und Hoffnung, auf Hoffnung im Lichte eines neuen Verantwortungsbewußtseins. „Verantwortung ist die als Pflicht anerkannte *Sorge* um ein anderes Sein, die bei Bedrohung seiner Verletzlichkeit zur Besorgnis wird." (391) Es geht um die „bewußte Anstrengung zur selbstlosen Furcht", mit der das Fürchten „selber zu einer ersten präliminaren Pflicht einer Ethik der geschichtlichen Verantwortung wird." (392)

So führt der Philosoph weder in ein Goldenes Zeitalter zurück noch in die Katastrophe voraus. Für ihn ist der Vorgang der „Rückgewinnung" entscheidend dafür, um den Menschen in seinem Menschsein dadurch zu erhalten, daß er sich aus dem prometheischen Zeitalter zurückmeldet. Er vermag das, indem er wieder lernt, was Ehrfurcht, Schaudern und Demut vor dem Geschaffenen heute bedeuten.

„So wenig wie die Hoffnung darf auch die Furcht dazu verführen, [...] das Gedeihen des Menschen in unverkümmerter Menschlichkeit auf später zu verschieben [...]. Ein degradiertes Erbe wird die Erben mitdegradieren." (393)

Es sind Sätze, die in den siebziger Jahren gegen die Glücksverheißungen des Marxismus geschrieben worden sind. Sie haben angesichts dessen, was uns die Protagonisten des „entmassten" Informationszeitalters an Glücksverheißungen vorgaukeln, an Dringlichkeit nicht verloren.

7. Expertisen und Interpolationen

Es wäre schlichtweg arrogant, wollte man die Studien unterschiedlicher Reichweite, doch der gemeinsamen Überzeugung, daß die Welt trotz allen technischen Aufwandes und Wandels auch mittels Einsicht und Intuition zu erklären sei, als Relikte aus der Mottenkiste vorwissenschaftlichen Denkens einstufen. 1977 hat Denis de Rougemont diesen Ansatz der Zukunftsforschung so verteidigt:

> „Alles, was im physiologischen, aber auch im psychologischen Kern des Menschen beobachtet werden kann, wird sich früher oder später in der Geschichte niederschlagen. Das ist das Gesetz der menschlichen Entwicklung und gleichzeitig der intuitiven Zukunftsforschung."[68]

Anschließend hatte er diesen Seitentrieb als - positiv gemeint - „subjektiv und personalistisch" gekennzeichnet. Wissen, systematisches Denken und Intuition sind die Grundlagen, auf denen sich z.B. die Studien von Paul Kennedy, Zbigniew Brzezinski, Ernst-Otto Czempiel, Samuel P. Huntington und Alain Minc - eines Engländers, zwei Amerikanern, eines Deutschen und eines Franzosen - bewegen. Sie stehen in diesem Zusammenhang als Entwürfe der Welt, die sich bewußt auf Veränderungen von Ausschnitten der beobachtbaren Welt - des internationalen Systems, der religiösen Dimension, der inneren Instabilität - beschränken.

Es hat den Anschein, als hätten solche thematischen Selbstbeschränkungen auch etwas mit charakterlicher Anlage zu tun. Der große Wurf und Entwurf wird deshalb nicht in Angriff genommen, weil man sich darüber im Klaren ist, daß die Möglichkeit, die Zukunft zu verfehlen, mit jedem Jahrzehnt wächst, das man prophezeit. Der Historiker Paul Kennedy, der 1987 in seinem Buch vom „Aufstieg und Fall der großen Mächte" seine Ansicht vom Machtverfall auch der USA mitgeteilt hatte, wandte sich 1993 angesichts einer Kritik, die ihm vorwarf, mit seiner Beschränkung auf die großen Nationalstaaten, Dinosauriern der Geschichte, verfehle er die Zeit, die von „Globalismus", internationaler „Vernetzung" und einer Tendenz zur „Weltinnenpolitik" geprägt sei, fünf Jahre später - (als hätte er sich die Kritik zu Herzen genommen) - den globalen Herausforderungen zu. In seinem folgenden Buch „Preparing for the twenty-first century" hat er sich dem globalen Trend insoweit angenähert, als er sich solchen „general trends" wie der demographischen Explosion, der Kommunikations-Revolution, der bio-technologischen Revolution, den Robotern und der Automation mit umfangreichem Material zuwandte. Dann aber interessierte ihn das Spiel um die wirtschaftliche und technologische Macht in den Regionen der Welt doch mehr. Kennedy konstatiert, es sei erst zwei Jahrzehnte her, daß die düstere Voraussage etwa des „Club of Rome" Furore machte, „before it fade away". An deren Stelle setzt er nicht von neuem optimistische Prognosen; aber es bleibt ihm bewußt, was ihn und andere Autoren von den Untergangs-Propheten trennt.

„Vielleicht sollten wir [...] zwischen Reformern unterscheiden, die sich für kluge Maßnahmen in der nahen Zukunft einsetzen, um z.B. die Weltbevölkerung in den Griff zu bekommen oder den Schadstoff-Ausstoß von Autos zu reduzieren, und apokalyptischen Schreibern, die so argumentieren, daß alles verloren sein werde, wenn nicht ein drastischer Wandel im menschlichen Verhalten sich hier und heute ereigne."[69]

Der französische Soziologe Alain Minc, Reformer voll apokalyptischer Bilder, glaubt Anzeichen dafür zu haben, daß sich Zerfallserscheinungen des Mittelalters in unserer Zeit wiederholen. Fachleute der internationalen Politik wie Zbigniew Brzezinski und E.O. Czempiel wiederum haben unterschiedliche Ansatzpunkte, unterschiedliche methodische Ansätze und Ideale mit unterschiedlichen Akzenten und kommen deshalb auch zu unterschiedlichen Ergebnissen. Ein Politikwissenschaftler wie Samuel P. Huntington bedient sich eines ähnlichen Mittels - der Analogie - um innere wie äußere Krisen zu diagnostizieren. Er präpariert aus dem Untersuchungsmaterial, das sich vor seinen Augen ausbreitet, eine Tendenz, die er dann als das - wahrscheinliche - zukünftige Ganze ausgibt. Bei ihm tritt das Element der Intuition besonders stark hervor. Stets wird jedenfalls das Gegenteil von dem versucht, was die „Globalisten" versuchten: Man schließt vom Detail auf das Allgemeine, rekonstruiert nicht die Welt „als solche".

Derartige Selbstbeschränkung ist in mehr oder weniger starker Form bei allen Autoren der folgenden Abschnitte (die wiederum nur stellvertretend für andere stehen) erkennbar, wenn es auch z.B. Kennedy vehement ablehnen würde, mit Alain Minc in einen Topf geworfen zu werden. Dazu ist seine Sammlerleidenschaft zu groß. Und seine Bescheidenheit ist ausgeprägter:

> „Es bleibt das Faktum bestehen, daß es, einfach weil wir die Zukunft nicht kennen, unmöglich ist, mit Sicherheit zu sagen, ob die globalen Trends zu einem grauenhaften Desaster führen werden oder durch staunenerregende Fortschritte der menschlichen Anpassungsfähigkeit abgewendet werden können."[70]

So sind diese Studien weniger als futurologische Glanzleistungen aufgezogen - und haben deswegen auch weniger Aufmerksamkeit gefunden als die von Meadows bis Toffler -, sondern als die Expertisen von Fachleuten.

Zbigniew Brzezinski bewegt sich auf dem schmalen Grat zwischen der Bedeutung von Werten und den Strukturen der Internationalen Politik klassischen Zuschnitts. Für ihn erwachsen große Gefahren aus dem Werteverlust der westlichen Gesellschaft insgesamt. Es kommt ihm allerdings darauf an, die Vorherrschaft der USA als Garant der internationalen Stabilität zu erhalten. Er ist der erste Bedenkenträger dieses Kapitels - ihm folgen weitere - dem die Gegenwart und ihre Tendenzen suspekt sind. Er wie andere bricht aber ab, bevor er gezwungen ist, die unabwendbare große Katastrophe zu diagnostizieren. Brzezinski, ehemaliger Sicherheitsberater von Präsident Carter, bringt mit seiner Studie „Macht und Moral - Neue Werte in der Weltpolitik" (Hamburg 1994) etwas in die Diskussion ein, was angesichts des Überschwanges des Sieges über den Sozialismus lange Zeit als veraltet oder entbehrlich galt: Moral und Ethik, Grundhaltungen also, ohne die - wie Brzezinski betont - der Sieg nicht festgehalten werden kann. Er ist insoweit konservativ, als es ihm um die Erhaltung des gegenwärtigen internationalen Systems mit den USA als Führungsmacht geht. Aber er ist der Überzeugung, rhetorische Verbeugungen vor Schlagwörtern wie Demokratie und Liberalismus genügten nicht. Er macht daher nicht den Fehler wie Francis Fukuyama, das Bekenntnis zu den westlichen Idealen zum Nennwert zu übernehmen. Warnend schreibt er,

„[...]daß fast der gesamte globale Dialog von demonstrativen Verbeugungen vor dem demokratischen Ideal und inbrünstigen Beschwörungen der Treue zu diesem Ideal geprägt ist [...]. Heutzutage neigen selbst autoritäre Regime dazu, sich als demokratisch gesinnt darzustellen und sich in demokratischen Slogans zu ergehen. Diese Eintönigkeit des Ausdrucks reflektiert das Nachlassen der ideologischen Leidenschaft und legt stummes Zeugnis von der derzeitigen Vorherrschaft des demokratischen Ideals auf der Ebene der Lippenbekenntnisse ab."[71]

Die Ängste, die Brzezinski beschweren, faßt er so zusammen:

„Ohne die bewußte Anstrengung, einigen moralischen Maßstäben wieder Geltung zu verschaffen, mit deren Hilfe eine neue Selbstbescheidung den reinen Genuß um des Genusses willen ersetzen kann, wird die Phase der amerikanischen Vorherrschaft vermutlich nicht lange währen, obwohl sich keine überzeugende Alternative anbietet."[72]

Dies sei so, weil die „permissive Gesellschaft", auf der hedonistischen Selbstbefriedigung des einzelnen aufgebaut, kein Gegenbild aufbauen könne, das Autorität ausstrahle, weil es durch Leistung in aller Namen auch die Unterprivilegierten überzeuge. Geschehe das nicht, dann könne es nach der „Politik des organisierten Wahnsinns" im 20. Jahrhundert zu einer erneuten Katastrophe kommen, die dann so aussehe:

> „Im geschichtlichen Kontext betrachtet, könnte [...] die Herausforderung durch den utopischen Fanatiker [den Marxisten] von der Spaltung zwischen dem unersättlichen Konsumenten und dem hungernden Betrachter abgelöst werden."[73]

Das aber wäre lebensbedohlich für die Existenz der gesamten Welt, nicht nur des Westens. Es sind - wie bei Paul Kennedy - die von tiefgreifenden Wandlungen bedrohten, gleichwohl als Handlungs- wie als Analyseeinheiten nicht wegzudenkenden Nationalstaaten, in deren Rahmen sich das Denken des Autors bewegt. Doch sei dieser Zustand nicht haltbar. Trotz des Scheiterns der totalitären „Meta-Mythen" und der Skepsis gegenüber jeder neuen Utopie sei zwar eine neue Welle des ideologischen Irrationalismus unwahrscheinlich. Dennoch könnten einige Teile des Globus von einer Irrationalität erfaßt werden, die in ihrer abscheulichen Ausprägung und Substanz an den Faschismus erinnerten. Die heftigsten Ausbrüche würden sich, so Brzezinski, wahrscheinlich in denjenigen Ländern ereignen, die nach der Niederlage des Totalitarismus die demokratische Vision mit naiver Begeisterung begrüßten und sich danach von ihr verraten fühlten. Brzezinski läßt in der Schwebe, ob er die westliche Welt zu den ethischen Reformen für fähig hält, die er ihr vorschlägt. Woran er festhält, ist der Nationalstaat als Organisationsprinzip. In der Zeit des Kalten Krieges als überständiges Element des 19. Jahrhunderts geschmäht, sieht er in ihm zwar keine Zukunft, aber ohne ihn auch keine Gegenwart. Er ist - dem Zwang der Realität gehorchend - in allen Lagern wieder „in". Dagegen ist zur Zeit nach dem Ersten wie dem Zweiten Weltkrieg kaum ein Theoretiker mehr zu finden, der sein und der Mitlebenden Heil in einem „Weltstaat" sucht. Diese Zukunftsvision ist so „out" wie noch nie.

Es wäre ebenso ungerechtfertigt wie falsch, wollte man den Autoren dieses Abschnitts mangelnde intellektuelle Kühnheit vorwerfen. Näher käme man ihrer Verfaßtheit, nähme man an, sie wollten den Skrupeln, von denen sie angesichts des transitorischen Zustandes der Welt erfaßt werden, auch in ihren Arbeiten Raum geben. Gerade weil sie ihre Schlußfolgerungen oft offen lassen, erzeugen sie beim Leser den Eindruck größerer Verläßlichkeit. Sie sehen also weder das definitive Verschwinden der Nationalstaaten, noch Realisierungsmöglichkeiten eines Weltstaates oder auch nur einer Weltorganisation mit zureichenden Möglichkeiten globaler Machtanwendung voraus. Das ist der Grund, weswegen ihre Analysen nicht bei einem Entweder-Oder, sondern durchweg bei einem Sowohl-als-auch enden. Bei Paul Kennedy führt das zur antithetischen Feststellung, daß die Zahl der Staaten in der Welt immer größer werde, zugleich aber auch die Zahl supranationaler Organisationen. Drei Herausforderungen sieht er, warum sich jeder der Staaten mit dem Weg in das 21. Jahrhundert intensiv befassen müsse;

1. Die Notwendigkeit, sich eine „relative Wettbewerbsfähigkeit" zu bewahren. Das schließe gemäßigtes und auch unterschiedliches Wachstum in technologischer Innovation mit ein.

2. Eine Antwort auf die demographischen und Umwelt-Herausforderungen zu finden und

3. Die Chancen politischer Instabilität zu reduzieren. Das ist schon vom Klang her etwas anderes als das Unglücksgeraune, das bisher zu hören war.

Anders - und doch wieder ähnlich - argumentiert Ernst-Otto Czempiel, der in seinem Buch „Die Weltpolitik im Umbruch"[74] einige Leitlinien künftiger Entwicklung anvisierend, dennoch nicht für sich in Anspruch nimmt, den Stein der Weisen gefunden zu haben. Er weiß nicht, wie die Welt *nach* dem Umbruch aussehen wird, will nicht einmal vorhersagen, wie lange dieser

Umbruch dauern wird, der in neuen Formen internationalen Zusammenlebens enden wird. Czempiel macht ernst mit der zu einem Schlagwort zusammengeschrumpften Zustandsbeschreibung der Welt als einer Welt in immer schnellerer Verwandlung. Deshalb definiert er sie als ein Transitorium, als etwas, das Altes mit sich führt, aber Neuem entgegenstrebt. Die Welt befindet sich in unterschiedlichen Stadien der Entwicklung. Sie bildet ein asymmetrisches, gebrochenes Gitter von Handlungszusammenhängen.

„Subjekte in der internationalen Politik sind nicht mehr wie in der Staatenwelt, die Staaten, sondern deren Gesellschaften [...]. Diese Entwicklung läßt sich mit der politischen Metapher der 'Gesellschaftswelt' wiedergeben. Der Begriff soll ausdrücken, daß die Welt noch keine Weltgesellschaft, aber auch keine Staatenwelt mehr ist, daß sie nach wie vor eine staatliche geordnete Welt darstellt, in der aber das politische Gewicht der Gesellschaft wächst."[75]

Wenn man will, ist das eine Paraphrase der These von der Entwicklung der internationalen Politik zur „Weltinnenpolitik". Drei Elemente scheinen Czempiel für die Zukunftsordnung festzustehen:

„Sie wird eine regionalisierte Welt sein, mit spezifischen, regional bedingten Interaktionsverdichtungen. Regionale Führungsmächte werden ihre Ansprüche anmelden und durchsetzen - [dem entspricht Kennedys Hervorhebung von Japan, Indien und China, d. Verf.] - die neue Welt wird polyarch sein. In diesen Regionen werden sich eigene, von den Industriestaaten und den [...] Supermächten gleichermaßen unabhängige Konflikte herausbilden; die neue Welt wird multipolar sein."[76]

Czempiel ist hier als der Vertreter einer Schule von Experten der Internationalen Politik vorgestellt worden, die sich eingestehen, daß die Wandlungen im internationalen System untergründiger Art sind. Dabei hat sich die Schere zwischen dem offensichtlich Wahrgenommenen und der tatsächlichen Entwicklung eher weiter geöffnet als daß sie sich schließt. „Die Menschheit ist als Einheit erkannt, aber nicht aktionsfähig." (Peter Coulmas) Zu diesem Befund kann man viele Meinungen und - vor allem - Begründungszusammenhänge beitragen. Der Erste schreibt:

„Das Ziel einer globalen Weltordnung, einer Rechtsgemeinschaft der Einen Welt, liegt in weiter Ferne. Es gibt noch keine Weltinnenpolitik, aber Ansätze dazu. Die Richtung ist vorgegeben. Das wird von den Propheten der 'Rückkehr der Geschichte' (Michael Stürmer) nicht erkannt."[77]

Der Zweite macht die Gemengelage der Gleichzeitigkeit des Ungleichzeitigen für die nur zögernde Anpassung an die Realität der „Gesellschaftswelt" verantwortlich. Prämoderne, moderne und postmoderne Staaten haben nicht viel miteinander gemeinsam. So bleibt diesem Autor nur die Resignation:

„Wie eine postmoderne Unordnung aussehen würde, bleibt Spekulation [...]. Die Verteilung von Macht könnte sich zu einem Machtvakuum entwickeln, so daß das System in ein Chaos triebe, das an die prämoderne Unordnung erinnerte. Es mag sogar sein, daß die Postmoderne und die Prämoderne vieles gemeinsam haben und daß es der starke Staat der vergangenen drei Jahrhunderte ist, der die historische Anomalie darstellt."[78]

Der Dritte schließlich entwirft eine „Interventionskasuistik", um der Welt-Unordnung zu entgehen und der Weltinnenpolitik durch eine Beschränkung der Handlungs-Souveränität wenigstens einen Schritt näher zu kommen.

„Viel wird davon abhängen, ob in der Folge der konkreten Ausgestaltung von Weltinnenpolitik bei einer wachsenden Zahl von Staaten, Gesellschaften und Völkern ein ausreichendes gemeinsames Verständnis über die Erfordernisse zivilisierter Politik zustandekommt oder nicht."[79]

Auch Senghaas' „Weltinnenpolitik" beruht auf Voraussetzungen, die noch zu schaffen sind.

Daher am Schluß doch so etwas wie eine Vorausschau, auf die Zukunft, auf Expertise und Interpolation des Bestehenden gegründet. Man wird dennoch Zweifel haben dürfen, ob die von Czempiel vorausgesagte Demokratisierung der Staatenwelt als Voraussetzung ihrer Stabilisierung und Befriedung tatsächlich einsetzen wird.

„Sicherheit nach außen war das klassische Thema der Staatenwelt [...]. Die Verbesserung der Entfaltungschancen des einzelnen wird zum klassischen Thema der Gesellschaftswelt. [...]. Die demokratischen Staaten wissen, daß Sicherheit nicht durch Verteidigung, sondern letztlich nur durch Demokratisierung der Umwelt erreicht werden kann. Damit entfällt der klassische Topos des 'Primats der Außenpolitik'."[80]

So kommen wir auf einem Umweg wieder in die Spekulation. Auf ihm schleicht sich das Sollen in das Sein ein; der Wunsch wird zum Vater des Gedankens. Jedenfalls: Wenn in diesem Kapitel von der Gesamtschau auf die Veränderung einzelner Politikfelder geschlossen wird, so im folgenden vom einzelnen Konfliktfeld auf das Ganze.


## 8. Religionskriege und neues Mittelalter

Am Beispiel der zuvor behandelten Autoren (die unterschiedliche Ansätze veranschaulichen) lassen sich die Leistungsmöglichkeiten einer Zukunftsforschung andeuten, die auf Beobachtung und Ahnung zugleich aufgebaut ist. In einem weiteren Anlauf seien zwei Autoren präsentiert, die Vorläufer hatten und Nachfolger haben werden, die in sich völlig unterschiedlich argumentieren und doch methodologisch eines gemeinsam haben: Sie ziehen aus dem „gebrochenen Gitter von Handlungszusammenhängen" einen einzigen Faden heraus, den berühmten Ariadnefaden. Ihn präsentieren sie dann als den, der zum

Mittelpunkt der Zusammenhänge führt. Er allein ist trendbestimmend. Statt einer noch nicht klar voraussehbaren, vielfältigen Handlungslogik mendelt sich in einem solchen Fall ein einziger geschichtlicher Faktor heraus. Wer den gefunden hat, weiß, auf welche Symptome er sein Augenmerk zu richten hat. Bei Samuel P. Huntington ist dies das Aufleben des religiösen Fundamentalismus in der außereuropäischen Welt; Alain Minc sieht die Apokalypse des modernen Staates voraus und vergleicht die Vorgänge von heute mit dem, was im späten Mittelalter geschah. Beide Autoren, vor allem Huntington, werden ebenso diskutiert wie kritisiert. Minc kreiden Kritiker an, daß er nicht fähig sei, zwischen Primär- und Sekundärphänomenen zu unterscheiden. Politischen Terrorismus und Bedrohung durch Drogenkartelle wollen die Kritiker nicht als Träger fundamentaler Entwicklungen gewertet sehen.

Was über die Renaissance des Nationalstaates im letzten Abschnitt gesagt wurde, muß angesichts der Studien von Samuel P. Huntington, der einen „Krieg der Kulturen" voraussieht, nicht zurückgenommen werden. Die Nationalstaaten bleiben auch bei ihm die mächtigsten Akteure der internationalen neuen Muster. Ihre Akzente werden von den religiös dominierten „Kulturen" gesetzt.

„Die großen Zerwürfnisse der Menschheit und die vorherrschende Konfliktquelle werden kulturbezogen sein [...]. Der Zusammenprall der Kulturen wird die Weltpolitik dominieren. Die Verwerfungslinien zwischen den Kulturen werden die Schlachtordnungen der Zukunft darstellen."[81]

Huntington vermag - im Gegensatz zu Fukuyama - mit der globalen Machtübernahme des Liberalismus kein Ende der Geschichte zu erkennen. Die Weltpolitik tritt nach ihm in eine „neue vierte Phase ein". Die erste Phase, die bis zur Französischen Revolution dauerte, trug den Stempel des Krieges der Fürsten. Er ging im 19. Jahrhundert in die zweite Phase eines Krieges der Völker über. Die wurde nach dem Ersten Weltkrieg überlagert durch einen Krieg der Ideologien und mündete Ende dieses Jahrhunderts in die vierte Phase eines Krieges der Kulturen ein. Huntington kennzeichnet den dahinterstehenden Wandel so:

„Mit dem Ende des Kalten Krieges tritt die internationale Politik aus ihrer westlichen Phase heraus. Ihr Kernstück wird nun die Interaktion zwischen den westlichen Kulturen und den nicht-westlichen Kulturen. Im Zeitalter der Politik der Kulturen bleiben die Völker und Regierungen der nicht-westlichen Kulturen als Ziele des westlichen Kolonialismus nicht länger Objekte der Geschichte, sondern schließen sich dem Westen als Beweger und Gestalter der Geschichte an."

Die Grundidee ist nicht brandneu. Ihr hing z. B. Arnold Toynbees Geschichtspanorama mit 21 Kulturen an, von denen in der Neuzeit ganze sechs übrigblieben. Huntington sieht deren sieben oder acht. Er bezeichnet sie als die westliche, die konfuzianische, die japanische, die islamische, die hinduistische, die slawisch-orthodoxe, die lateinamerikanische und - möglicherweise - die afrikanische Kultur. Schon auf den ersten Blick wird erkennbar, daß es vor allem die großen Religionen sind, denen er kulturbildende Kraft zuschreibt. Insofern setzt auch Huntington auf die schon zuvor mehrfach geäußerte Einsicht von der Renaissance der Religionen. Er geht aber weiter als sie, politisiert seinen Befund, indem er der Kultur-Differenz krisenstiftende Eigenschaften zuweist. Sie erzeugt erneut „Weltanschauungen", deren Angehörige sich einander zugehörig fühlen; Außenstehende werden ausgestoßen. Die unterschiedliche kulturelle, religiös fundierte Interpretation der Welt bildet den Stoff, aus dem die internationalen Konflikte des dritten Jahrtausends hervorgehen.

„Die Verwerfungslinien zwischen den Kulturen sind dabei, die politischen und ideologischen Grenzlinien als Flammpunkte von Krisen und Blutvergießen zu ersetzen."

Huntingtons monothematische Thesen haben in ihrer Zuspitzung sofort Widerspruch erfahren. Er interpretierte dennoch in diesem Sinne den Golf-Krieg, die Auseinandersetzungen in dem „zerrissenen Land" der ehemaligen UdSSR, den Krieg im ehemaligen Jugoslawien, die Auseinandersetzungen zwischen Hindus und Moslems in Indien sowie den Handelskrieg zwischen den USA und Japan. Sie alle tendierten dazu, aus lokalen Konflikten zu Regional- wenn nicht Weltkonflikten zu werden, weil

„[...] Staatengruppen, die ein und derselben Zivilisation angehören, die sich in einem Krieg mit dem Volk einer anderen Zivilisation befinden, natürlich versuchen, Unterstützung von anderen Mitgliedern der eigenen Kultur zu bekommen."

Welche Folgerungen sind aus solcher Betrachtungsweise für die westlichen Staaten zu ziehen? Huntington sieht für den Westen, der sich derzeit auf einem einsamen Höhepunkt der Macht zu befinden scheint, schwere Belastungen voraus. Wenn die Welt sich „ent-westet", wenn sich eine Frontstellung entwickelt, die lautet: „The West and the Rest", dann liegt die Folgerung nahe:

„Der Westen wird zunehmend damit zu tun haben, sich auf die nicht-westlichen modernen Kulturen einzustellen, deren Macht sich der des Westens annähert, aber deren Werte und Interesse in beträchtlicher Weise von der des Westens abweichen [...]. Das bedeutet, daß der Westen ein tieferes Verständnis für die zugrundeliegenden religiösen und philosophischen Annahmen dieser Kulturen und für die Art und Weise entwickeln muß, in denen die Völker dieser Kulturen ihre Interessen sehen. [...] Für eine voraussehbare Zukunft wird es also keine universelle Kultur geben, sondern stattdessen eine Welt unterschiedlicher Kulturen, von denen jeder vom anderen lernen muß, wie er mit ihm koexistieren kann."

Derart werden Huntingtons Thesen zu einer Art Manifest einer politisch akzentuierten multikulturellen Weltgesellschaft: Man koexistiert und divergiert im gleichen Atemzug. Sein neues Paradigma kann daher als Antimanifest gegen Fukuyama und jede andere Zukunftsinterpretation gelesen werden, die die Geschichte im Stillstand sieht. So interpretiert er sie auch selbst:

„Es gibt das Argument, daß der Zusammenbruch des Sowjetkommunismus das Ende der Geschichte und den weltweiten Sieg der liberalen Demokratie in der ganzen Welt bedeutet [...]. Doch es ist die schiere Hybris zu denken, daß der Westen die Welt für immer und alle Zeit gewonnen habe, nur weil der Sowjetkommunismus kollabierte [...]. Eine weltweite Kultur kann nur das Produkt einer weltweiten Macht sein. Der europäische Kolonialismus ist vorüber; die amerikanische Hegemonie auf dem Rückzug. Die Erosion der westlichen Kultur folgt dieser Entwicklung."

Huntington und der Franzose Alain Minc scheinen auf den ersten Blick nichts gemeinsam zu haben. Doch dann entdeckt man ohne Schwierigkeiten, daß sie beide von Machterosionen des Westens und deren Ursachen sprechen. Huntington spricht von denen nach außen, Minc von denen im Inneren, und beide fragen: Wie lassen sich die Tendenzen, die wir beobachten, umbiegen? Minc geht davon aus, daß die Vorherrschaft des Staates und damit das Regime einer auf Vernunft gegründeten Ordnung zu Ende gehe. Dabei fürchtet er nicht so sehr um den Nationalstaat als geschichtliche Figur, sondern um die Funktion des Staates überhaupt. Die Überwältigung des Staates durch die Gesellschaft, die Czempiel im Namen der „Weltgesellschaft" angekündigt hat, ist *sein* Zukunftsschock. Minc spricht von der Gefahr des Tribalismus, also von Fehden auf dem Niveau von ethnischen Stämmen, von der Vorherrschaft von Sekten anstelle der Kirchen, von der Auflösung der Gesellschaft in mafiaähnliche Organisationen. Kurz, er schreibt - so der Titel seines Buches - von einem „Neuen Mittelalter". Er schreibt vom Aufkommen von Zersetzungs-Erscheinungen, die eher an die Vergangenheit als an Zukünftiges erinnern. Er beschreibt eine Phänomenologie des modernen Staates, die man, wie er meint, kennen müsse, um nicht mit ihm unterzugehen. Was ihn ängstigt, sei an einer längeren Passage dargestellt, die

126

zugleich den suggestiven Stil seines Denkens und Schreibens dokumentiert:

„Dies ist tatsächlich ein neues Mittelalter. Die Abwesenheit wohlgeordneter Systeme, das Verschwinden eines jeden Zentrums, das Auftauchen von unbeständigen und schnell sich verflüchtigenden Bezugsmustern, die Unbeständigkeit und der Zufall, der Betrug. Neues Mittelalter: Die Entwicklung 'grauer Zonen', die sich außerhalb jeder Autorität entwickeln, angefangen bei der russischen Unordnung bis hin zum Anfressen der reichen Gesellschaften durch Mafia und Korruption. Neues Mittelalter: Die Entkräftung der Vernunft als Grundprinzip zugunsten lange verschwundener Primitivideologien und Aberglauben. Neues Mittelalter: Rückkehr der Krisen, der Erschütterungen und der Spasmen als Dekor unseres alltäglichen Lebens. Neues Mittelalter: Ein immer kleinerer Platz für das 'geordnete' Universum in den Räumen und Gesellschaften, die sich immer unzugänglicher gegenüber unseren Handlungswerkzeugen erweisen, ganz zu schweigen von unserer Fähigkeit zur Analyse [...]. Schwarze Löcher, Unordnungen, ein Leben ohne Zusammenhänge, mit unüberschaubaren Solidaritäten. Sie alle Analogien zum ersten Mittelalter. Nach der großen Furcht des Jahres 1000 nun die Verwirrung des Jahres 2000?"[82]

In einer Zeit der Krisen bleibt bei Minc nicht viel übrig von den Verheißungen eines friedlichen Liberalismus. Im Gegenteil: Er wird als erster aufgezehrt von der „Zeit der Krämpfe", der „Ära des Unbestimmten", in der sich die Vernunft verflüchtigt hat.

„Weil es kein allgemein verbindliches Regelwerk, keine 'Bibel der Risiken' mehr gibt, wird die Welt zerreißen, wenn erst einmal die Zeit aus sich ihre Widersprüche entlädt. Wo, wann und warum hat sich das Liberale falsch entschieden? Der Liberalismus hat sich einfach überdehnt. Da er sich für alles zuständig erklärte, sind seine Schwächen auch überall zu finden. Der Liberalismus wird von seiner Entzauberung bedroht [...]. Hätte sich der Liberalismus an seine ursprüngli-

127

chen Prinzipien gehalten und gesagt, er sei das schlechteste Erklärungssystem mit Ausnahme aller anderen, wäre er von den Fehlentwicklungen nicht betroffen. Es ist sein Ehrgeiz, der ihn ins Verderben treibt [...]. Aus dieser unklugen Maßlosigkeit erwächst heute die Enttäuschung [...]. Als globales Analysesystem ist der Liberalismus invalide."[83]

Weil das so ist, erwachsen aus den Defiziten der Gesellschaften am Ende internationale Konflikte. Statt eines Endes der Geschichte im Zeichen des Liberalismus steht bei Alain Minc der Liberalismus als ein schwacher Aufguß von Prinzipien, als eine „auf den Kopf gestellte Karikatur", die der Realität von heute schon nicht mehr standhält und der Realität von morgen und übermorgen noch weniger. Das ist wahrhaft der Gegenentwurf zu Fukuyamas Optimismus. Minc nennt die dahinterstehende Überzeugung einen „konstruktiven Pessimismus". Remedur wäre nach ihm nur dann möglich, wenn der Westen die Neigung zeigte, im 20. Jahrhundert die Entwicklungen des 21. Jahrhunderts zu antizipieren. So könnte der erste Satz von Brzezinskis „Macht und Moral" auch der letzte Satz von Alain Minc sein: „Dies Buch will keine Prophezeiung sein, sondern eine eindringliche Warnung." Minc formuliert allerdings anders:

„Ich weiß nicht, ob Geschichte tragisch ist. Aber ich bin überzeugt, daß man so tun muß, als ob sie es sei, damit sie es nicht wird."

So ist auch dies neu: Die Wiedergewinnung der Kategorie des Tragischen für die Deutung der Zukunft. Daß dies nicht so bliebe, war vorauszusehen in einer Zeit, in der das Divertissement, die Unterhaltung, lebensnotwendig zur menschlichen Existenz gehört.

# 9. Welcome to Cyberspace

Die Einzelstudien mit ihren überschaubaren Horizonten haben im letzten Jahrzehnt und speziell seit dem Ausfall des Sozialismus als Konkurrenzmodell der kapitalistischen Demokratie viel Aufmerksamkeit gefunden. Es hatte sich herausgestellt, daß die vieldimensionalen Weltmodelle trotz anscheinend grenzenloser Datenverarbeitungs-Kapazität den Realitäten vorausgeeilt waren. Ihre Prognosen hatten vor allem Aufmerksamkeit gefunden, weil man die Ingeniosität bewunderte, mit der unvorstellbare Datenmassen gemeistert wurden. Wirksamer waren sie jedoch als Schreckens-Produzenten ohne den Zwang, sein Leben ändern zu müssen. Schließlich war das in ihnen enthaltene Wissens-Potential aufgefächert worden. Es hatte als Material für immer weitere Spezialkonferenzen der UN über die Zerstörung der tropischen Regenwälder, die zerstörerischen Wirkungen von FCKW oder die Entwicklung der Weltbevölkerung gedient. Als ständig erneuerbare Datenbanken gehörten sie zum Tagesgeschäft derjenigen, die es sich zur Aufgabe gemacht hatten, die kommende Katastrophe, eine „bisher unbekannte Kreuzung zwischen Paradies und Hölle" (Stanislaw Lem), mit immer größerer Präzision zu benennen.

Seit Ende der achtziger Jahre hat sich dann eine neue Realität breitgemacht, die als Zukunftsperspektive und -vision zunehmend Umrisse gewonnen hat. Sie erlaubt es, von der Wahrscheinlichkeit eines neuen Zeitalters zu sprechen, das noch vor Ende dieses Jahrtausends eine bisher unbekannte Wirkmächtigkeit erreicht haben wird. Das Merkwürdige am Advent dieses neuen Zeitalters ist es, daß es in der Verkleidung neuer Unterhaltungsmedien daherkommt. Ihre Gesamtheit wird als Multimedia bezeichnet, woraus der Begriff des „multimedialen Zeitalters" ableitbar ist. Dieses Catchword beinhaltet nichts anderes als dies: Es wird der Industrie gelingen, einen von der ihm angebotenen Unterhaltung zehrenden Weltbürger zu züchten. Als Konsument der Produkte einer ausufernden Zerstreuungs-Industrie wird er gefangengenommen und -gehalten. Dies ist ein futurologischer Aspekt, der in der Geschichte bisher nicht aufgetreten ist. Ihre Propagandisten beschreiben ihn als die Erfüllung eines Jahrtausende alten menschlichen Traumes: Das Leben als Unterhaltung ohne die Verpflichtung des Ernstes. Aber das ist eine Geschichts-Klitterung: Die Auslöschung wachen, selbstverantwortlichen menschlichen Bewußtseins gehörte nicht einmal zu den Wunschbildern des Schlaraffenlandes. Und schon gar nicht die Auslöschung eines solchen Bewußtseins im Zeichen einer totalen menschlichen Vermarktung mittels technisch verfügbarer Mittel.

Unter dem Verharmlosungs-Geraune all derer, die - bisher jedenfalls - mehr an einer Vergrößerung ihres Umsatzes als an der Mehrung ihrer politischen Macht interessiert sind, vollzieht sich derzeit ein Umformungsprozeß, der für die Zukunft weitgehende und kaum noch zu steuernde Folgen zeitigen wird. Man konstatierte zu recht, daß wir uns gegenwärtig inmitten einer „dritten Welle" der Industrialisierung befinden. Für das, was sich an Neuem ankündigt, fand man die euphorische Umschreibung:" Überall gewinnen die Kräfte des Geistes die Oberhand über die rohe Macht der Dinge." (FAZ v. 26. August 1995) Daß es sich möglicherweise um vieles andere handelt, das in der Konsequenz weit negativer klingt, wird im Folgenden darzustellen sein. Tatsache ist nur, daß in der ersten „Welle" der Industrialisierung tatsächlich der Boden die wichtigste Rolle als Produktivfaktor spielte, in der zweiten Maschinen und Großindustrie, während in der dritten die Information und ihre Instrumente diese Rolle einnehmen.

Die Gefahr, die diejenigen sehen, die nicht an die zunehmende Vergeistigung des Menschen durch immer neue Informations-Wege (die „Datenautobahn" ist zu einem beliebten, gleichwohl irrigen Bild für das geworden, dem wir entgegengehen) glauben wollen, ist die: Es wird immer nur von den Instrumenten gesprochen, doch nicht von den Inhalten, die sie transportieren sollen. Was von den Segnungen der neuen Kommunikations-Techniken verlautbart wird, meint immer nur die Technik der Kommunikation, nicht die Kommunikation selbst, stets das Wie und nicht das Was. Noch nie zuvor hat es eine Zeit gegeben, in der so wenig Vision von einer menschenwürdigen Zukunft mit einem solchen Aufwand an Technik und Geld in Szene gesetzt wurde. Es wird zwar konstatiert, daß die veralteten Vorstellungen von einem menschenwürdigen Zusammenleben neu zu definieren seien. Aber nie wird gesagt, nach welchen Leitbildern dieses zukünftige Zusammenleben vonstatten gehen soll. In einem gewissen Sinn ist das Informations-Zeitalter, von dem geschwärmt wird, die Gegenprojektion zu dem, was die Weltmodelle anstrebten. Die propagierten durchwegs Verzichte zugunsten des Weiterlebens der Gattung; die Propheten des Informations-Zeitalters wären dann am glücklichsten, wenn Problembewußtsein angesichts ihres Traumes einer allumfassenden, virtuellen, d.h. auch manipulierbaren Wirklichkeit, gar nicht erst aufkäme. Für die Gesamtheit des Lebens in der Informationssphäre - das Wort selbst ist dem Titel eines Zukunftsromans entlehnt - hat sich der Begriff „Cyberspace" eingebürgert. Doch die politische Philosophie, auf der Cyberspace aufbaut, nimmt sich aus wie eine gigantische Seifenblase, wenn man sie nicht als Zeugnis gewollter Selbstentmannung bewerten möchte. Dazu einige wenige Bemerkungen:

1. Der Schlüsselbegriff der „Entmassung" und der „entmassten Zivilisation" dient nicht der Kennzeichnung, sondern bestenfalls dazu, ein orientierungsloses Wissen zu propagieren.

2. Keinesfalls ist die interesselose Erweiterung des Wissens das Ziel der neuen Ordnung. In der „dritten Welle" geht es um Macht und Marktanteile wie in den Wellen zuvor.

3. Die technologisch tatsächlich umwälzenden Entwicklungen durch Digitalisierung und Miniaturisierung ziehen politökonomisch nichts anderes nach sich als einen potenzierten Wirtschaftsliberalismus mit den damit einhergehenden gesellschaftlichen Spannungen. Von einer „Revolution" im Bereich des zugleich prekärer werdenden menschlichen Zusammenlebens ist keine Rede.

4. Es wird, sieht man näher hin, eine „schöne neue Welt" in Aussicht gestellt, in der das einzig Reale der schöne Schein ist.

5. Der Globalismus hatte mit der zweiten Hälfte des 20. Jahrhunderts als Wille und Vorstellung Einzug gehalten. Nun wird er um eine neue Nuance bereichert, die Nähe und Ferne gleichermaßen umfaßt: die „globale elektronische Nachbarschaft". Die wird nicht mehr von der Geographie, sondern von den gemeinsamen Interessen geliefert - es fragt sich nur, wie die entstehen.

Die „Magna Charta für das Zeitalter des Wissens" wurde zwar von honorigen Leuten in die Welt gesetzt, kümmert sich aber wieder einmal nicht darum, daß Armut und Reichtum weiter bestehen werden und daß kein Instrument einen Menschen von seinen religiösen Urteilen und Vorurteilen befreien wird. Hinzu kommt, daß die Macht über das gespeicherte Wissen überdimensional denen zugute kommt, die es zu nutzen wissen. Es ist anzunehmen, daß der amerikanische Weg vom Schuhputzer zum Millionär von nun an noch länger wird. Wahrscheinlich wird er sogar unmöglich, weil die unkonventionellen Wege „von unten" mehr und mehr versperrt bleiben. Der „amerikanische Traum" wird ein Traum bleiben.

Die neue Zivilisation, die sich als Zukunftsvision ankündigt, hat noch eine zweite Seite, an welche diejenigen, die von ihr profitieren, nur ungern erinnern: Es ist die Dimension der unbegrenzten finanziellen Investitionen. Sie wird gegenwärtig noch teilweise verdeckt, weil die Generation der Pfadfinder im Besitze der Macht ist. Gegen die notwendigen Ausstaffierungen von Cyberspace nehmen sich der Bau von Stahlwerken und Staudämmen wie mittelständische Unternehmen gegenüber einem multinationalen Konzern aus. Deshalb dokumentieren die Konzentrationsbewegungen, die schon im Vorfeld der Konstruktion des mondialen elektronischen Dorfes stattfinden, nicht allein ungehemmte Lustbefriedigung zum Zwecke ungehemmter Gewinnmaximierung. Sie stellen auch Standortbestimmungen vor einem „letzten Gefecht" dar. Nach dessen letzter Phase wird es keine andere Lösung als die einer gigantischen, tatsächlich multimedialen Machtkonzentration geben, die weit über die Dimension der bis heute existierenden elektronischen Konzerne hinausgeht. Erst wenn die Souveränität des Staates endgültig den Bach heruntergegangen ist, werden seine Protagonisten unbehelligt von den wahren Machthabern - weil folgenlos - über diesen Tatbestand diskutieren. Die brauchen gar nicht mehr einzugreifen, weil Schattengefechte sie nicht interessieren müssen. Für diese Entwicklung gibt es heute schon Belege.

Der deutsche Medienzar Leo Kirch sagte schon 1987: „Richtig ist, daß mein schönster Traum wäre, ein Monopol zu haben." (zitiert nach SZ v. 2. März 1995) Zum Monopol wird es möglicherweise nicht reichen, aber allen Anzeichen nach zum europa- und vielleicht sogar weltweiten Duopol oder Triumvirat. Und dann soll noch jemand von der grenzenlosen Freiheit sprechen, die uns bevorsteht! Da erscheint es realistischer, was eine amerikanische Stimme, näher an Cyberspace als wir, befürchtet:

„Es gibt keine Auskunftsmöglichkeiten mehr, wenn alle Kommunikationsmittel, Telephon, Computer und Fernsehen, in einer Hand vereint sind. Ein Einzelner wird eines Tages entscheiden, ob Sie oder Sie die Informationen des Alltags bekommen." (zitiert nach FAZ v. 26. August 1995)

Das wird das größte aller Dilemmata sein, in die uns die neuen Marktführer stürzen werden: Der Staat - oder wie man das Kontrollinstrument über die anarchischen Neigungen des Menschen dann noch nennen wird - wird ab- und vielleicht aufgelöst, damit sich die neuen elektronischen Befehlshaber ungehemmt entfalten können. Sie sagen das auch in schöner gekünstelter Unschuld: „Den Politikern der fortgeschrittenen Demokratien wächst eine besondere Bedeutung zu: den Übergang zu beschleunigen und zu erläutern" - d.h. nichts anderes, als sich selbst abzuschaffen.

Das Neue an der wirtschaftlichen Macht der „dritten Welle" läßt sich so beschreiben: Ihrem Anspruch an die allumfassende Beherrschung der Welt des Wissens korrespondiert der Anspruch an den allumfassenden Besitz der Instrumente, der erst diese Beherrschung garantiert. Man schreibt schon heute etwas Abgedroschenes, wenn man darauf verweist, daß Unterhaltungs- und Wissensproduktion, der Besitz an den elektronischen Vertriebswegen und an den Sendeanlagen, demnächst nicht mehr in verschiedenen Händen, sondern in integrierten elektronischen Misch-Konzernen Platz finden werden. Telekom kopuliert mit Berlusconi, Kirch mit Bertelsmann oder mit Murdoch oder mit Bill Gates. Die Namen sind austauschbar, denn ihre Funktionen bleiben die gleichen: Es geht um den Aufbau weltumspannender Kommunikations-Kartelle. (Man zeige uns das Kartellamt, das diesem Zug ins Gigantische Paroli bietet!) Aus den heute eher noch geahnten als in ihren Auswirkungen klar erkannten Transaktionen entstehen die realen Phantasien, die dem 21. Jahrhundert sein unverwechselbares Profil geben werden. So etwas wie der vielzitierte „Bürger" hat in ihnen nichts zu suchen - seine Interessen werden erst extern definiert, dann kontrolliert.

Es macht keinen Sinn, den Stand der Dinge an einem bestimmten Tag nachzeichnen zu wollen. Denn es gibt keinen Stand, es gibt nur einen Fluß - und der kann sich morgen in anderen Mäandern bewegen als in denen, in denen er dies heute tut. Er könnte sogar seine Richtung ändern. Denn diese Form des Fließens bedarf nicht einmal eines Gefälles. In einer Zeit der Unsicherheit und des ständigen Austausches der Mitspieler ist die einzige Sicherheit, mit der zu rechnen ist, die Größe und die Geschwindigkeit des Wandels. Nicht um an einer Legende weiterzustricken, sondern um das Abstrakte im Konkreten dieser Jahre faßbar zu machen, sei die skizzierte Entwicklung am Beispiel von Bill Gates festgemacht, dem Besitzer der größten Software-Produktion, mit dessen Produkten heute vier von fünf Personal-Computern arbeiten. Lassen wir dessen Milliarden, zitieren wir nur einen Satz über die kapitalistische Grundstruktur in einer postmodernen Produktion:

„Es herrscht [...] purer Kapitalismus. Man steht unter Hochdruck, ist von Feinden umzingelt [...]. Elitedenken wird gepflegt, die Liebe zum Gewinn nach Kräften gefördert." (Die Woche v. 25. August 1995)

Wichtiger für den Zusammenhang ist allerdings etwas anderes: Die Beherrschung des Software-Marktes macht eine ganze Reihe von Industriezweigen eher direkt als indirekt von Gates abhängig. Wenn z.B. der internationale Finanzverkehr über eine einzige Software-Marke beherrscht wird, dann braucht diese nicht mehr das Kapital der Großbanken, um zu herrschen - sie hängen von ihr ab. Es ist auch nicht mehr notwendig, sein Angebot zu diversifizieren, um sich am Markt abzusichern - die krakenhafte Ausbreitung resultiert aus der monopolistischen Form der Beherrschung. Deshalb mag die Angst vor Gates und dessen Expansions-Kapazität übertrieben sein; denn jeder Fehler in diesem Bereich ist tödlich. Gates selbst hat einmal von der Beherrschungs-Chance in seiner Branche gesagt: „Man ist immer nur 18 Monate vom Scheitern entfernt", womit er generell recht hat. Wer seine Größenordnung erreicht hat, ist aber nicht einmal mehr davon bedroht: Wer einmal von seiner Software aß, ist ihr für immer verfallen. Ebenso geht es mit den Seitenzweigen der Computer-Welt, in die sich Gates immer stärker einkauft, ein Weg, auf dem andere ihm folgen müssen. Er kooperiert für die Zukunft und in der Zukunft - das Folgende ist nur eine Auswahl - im Bereich der Online-Dienste mit AT & T (USA) und Intertel (Frankreich), im Bereich des interaktiven Fernsehens mit Telstar (Australien) und Tele TV (Deutschland), bei den Decodern (für Pay TV notwendig) mit Hewlett Packard (USA) und Sony (Japan), im Telebanking mit der Chase Manhattan Bank (USA), im Teleshopping mit Visa (USA). Die unvollständige Aufzählung soll genügen, um die Dimensionen zu markieren. Fügen wir hinzu, daß es im europäischen Maßstab u.a. Kooperationen der Kirch- und Bertelsmann-Gruppen mit CLT (Luxemburg), Berlusconi (Italien) und Murdoch (England/Australien) gibt. Dies alles unter der Regie eines Mannes, von dem es heißt, er sei

„[...] ein bekennender Kapitalist ohne soziale oder ästhetische Schnörkel. Ein Technologie-Optimist, dessen Utopie sich auf schnelle Computer mit potenterer Software beschränkt, die Anbieter und Käufer besser zueinander bringt." (Die Woche v. 28. August 1995)

Von einer Einsicht der politischen Welt in die Notwendigkeit neuer politischer Kategorien, um mit dem fertig zu werden, was technologisch im Verlauf der „dritten Welle" auf uns zukommen wird, kann keine Rede sein. Es hat vielmehr den Anschein, als sei all das, was u.a. der Club of Rome an Bedrohung auf die Welt hat zukommen sehen, weder errechnet noch erdacht worden. So ist das Bedrohlichste an der kommenden Revolution: Soziale und psychosoziale Folgen und Nebenfolgen, wie wir sie seit der industriellen Revolution des 19. Jahrhunderts nicht mehr gekannt haben, kommen auf uns zu - und niemand macht sich andere Gedanken als die, wie der Umsatz zu vergrößern und (vorläufig ohne sichtbaren Erfolg) die Arbeitslosigkeit möglicherweise zu verringern sei. Denn die Vision einer Welt voll elektronischer Heimarbeiter ist eher in die Kategorie der Sozialutopien als in die eines ernsthaften Beitrages zum wahrscheinlich brennendsten Problem des 21. Jahrhunderts einzuordnen. Die „Mattscheibe als Universum" (Josef Joffe), darunter wäre das Bedrohungspotential zu behandeln, das auf uns zukommt.

Damit finden wir Anschluß an die Gedankenkette, womit die Aufnahme dieses Traktats in die vorliegende Buchreihe gerechtfertigt wird. Die Protagonisten des neuen Zeitalters gaukeln den Menschen mit scheinbar unwiderstehlicher Eloquenz in voraufklärerischer Pseudo-Naivität vor, das, was sie mit ihnen in der Zukunft planten, sei nicht nur neu, sondern auch unvergleichlich gut. Man wird uns so lange in diesem Glauben lassen, bis wir zu einer unvoreingenommenen Betrachtung der neu geschaffenen wahren oder virtuellen Wirklichkeiten gar nicht mehr fähig sind. Die Informations-Zivilisation hat die Menschen dann derart umkonditioniert, daß die Möglichkeit eines Widerstandes gegen Unzumutbares gar nicht mehr in ihr Blickfeld gerät. Vielleicht ist die Menschheit dann sogar pazifisiert, zugleich aber weit entfernt von einer human zu definierenden persönlichen Freiheit. Die Herrschaft der wenigen kann eine so sanfte Vollkommenheit erreichen, daß der Wunsch nach Veränderung nicht mehr in die Menschen eindringt, schon gar nicht mehr der nach einer Veränderung durch Gewalt. Man mag das einen Fortschritt nennen, aber einen, der durch den Verlust der Individualität erkauft ist. Es ist ein Weg, den auch diejenigen nicht wollen können, die sich gegen Extremismus und Rigorismus in Staat und Gesellschaft sperren.

Was gegenwärtig geschieht, gehört zu den Entwicklungen, deren Nebenfolgen gefährlicher, weil zukunftsbedrohender sind als die Annehmlichkeiten, die sie bereiten. Es geht nicht darum, ein Klagelied darüber anzustimmen, daß der Computer in allen Bereichen des Lebens seine Herrschaft ausbaut. Die Kulturkritik des 19. Jahrhunderts faßt nicht mehr, weil der Einsatz des Computers von der Automobilproduktion bis hin zu den technischen und medizinischen Geräten zu den ganz großen Fortschritten dieser Jahrzehnte gehört. Aber im Anwendungsfall der Unterhaltungs-Elektronik - welch kunstvoll naiver Ausdruck für eine unbezähmbare Entwicklung - ist das etwas anderes. Es ist eine neue Überwältigungsform geboren worden, ausgehend von dem, was nicht notwendig ist. Daher steht keine fröhliche Revolution am Horizont, die über das Ende des 20. Jahrhunderts kommen wird. Gewiß, nicht alle Revolutionen waren blutig. Aber alle forderten uns auf, unser Leben zu ändern. Vor den Änderungen der „Revolutionen des Informationszeitalters" freilich kann man nur warnen - verhindern kann man sie wahrscheinlich nicht. Schon das lähmt den Widerstand gegen sie.

# IV. Epilog: Die Unterhaltung wird zum Ernstfall

> „Einerseits kann die Moderne nach sich
> selber nur noch das Schlimmste kommen
> sehen; andererseits liegt das Schlimmste
> präzise auf ihrem eigenen Kurs, den zu
> verlassen sie sich verbietet, weil sie kei-
> ne Alternative zu ihr für denkbar hält."
>
> *Peter Sloterdijk*

Wir sind am Ende und zugleich wieder am Anfang. Denn im
Grunde stehen wir vor derselben Situation wie die Aufklärung -
vor den widrigen Zuständen, die sie unter Einsatz der Vernunft
vorwärtszutreiben gedachte. Wir haben alles durchgedacht und
durchgemacht, was Menschen durchdenken und durchmachen
können. Aber wir fangen dennoch immer wieder von neuem,
vom Nullpunkt aus, an, als gäbe es keine Lehren aus der Geschichte zu ziehen. Warum könnten wir nicht einmal auf halber
Höhe einsteigen, wenigstens ein bißchen beschwert von historischer Erfahrung? Wir haben die Endlichkeit der Erde begriffen
und der Illusion abgeschworen, die Zukunft sei machbar. Dennoch fallen wir auf Verheißungen herein, von denen jeder wissen könnte, daß sie nicht so eintreten werden, wie die terrestri-
schen Theologen sie uns prophezeien. Vor solchen Verführungen wie den Segnungen des Informationszeitalters nutzen so
bittersüße Sätze wie die Hans Magnus Enzensbergers nur wenig:

> „Der gleiche Mensch, der davon überzeugt ist, daß eine welt-
> weite Katastrophe unmittelbar bevorsteht, schließt, ohne mit
> der Wimper zu zucken, eine Lebensversicherung auf dreißig
> Jahre ab."[84]

Ja, das tut er, doch das ist die moderne Version von Luthers
Bäumchen, das er noch vor dem Weltuntergang zu pflanzen
gedachte.

Der Begriff „Kommunikation" ist mit dem Glauben an Wunder begleitet, wie dies mit der „Vernunft" vor dreihundert Jahren geschah. Nichts scheint dem Menschen schwerer zu fallen, als sich selbst zu erkennen. Was sich heute um uns herum abspielt, erinnert im Ansatz an die Versprechen der Aufklärung, der Mensch müsse nur wagen, sich seines Verstandes zu bedienen. Dann werde eine Welt ohne Konflikte entstehen. Denn der Mensch sei von Grund auf gut; nur die Umstände hinderten ihn, so zu sein, wie er ist. Setzt man „Kommunikation" an die Stelle der Vernunft, dann erkennt man, daß wir es mit einer Neuformulierung der alten, nicht nur einmal gescheiterten Ideale zu tun haben. In dem neuen Zeitalter wird kein Mensch mehr einsam sein, das Arbeiten an seinem Heim-Arbeitsplatz wird ihm die Zufriedenheit eines selbstbestimmten Lebens vermitteln. Weil jeder alles weiß, werden irrationale Anwandlungen schon im Keim erstickt.

So sieht das aber nur auf den ersten Blick aus. Denn in einem ist alles ganz anders: Die Aufklärung appellierte an den Menschen, sich seines Geistes ohne Vorurteile zu bedienen. Dagegen appelliert die „neue Aufklärung" an die Bereitschaft des Menschen, sich ohne Vorbehalte der Apparate zu bedienen, die die Technik ihm zur Verfügung stellt. Doch das ist nicht alles. Ebenso wie sich die Potenz der menschlichen Intelligenz mittels Apparaten derart vervielfacht hat, daß man gar nicht mehr weiß, was man mit ihren Ergebnissen anfangen soll, ebenso hat sich der Aufwand vervielfacht, mittels dessen die Vorteile der „Informationsgesellschaft" ins menschliche Gehirn gedrückt werden sollen. Daß niemand diese Entwicklung behindert, liegt in dem einfachen Satz begründet: „Aufhalten läßt sich dieser Prozeß nicht." Weil er nicht aufzuhalten ist, ist es müßig, sich gegen ihn zu wenden. Noch nie sind deshalb die Konsequenzen eines technisch bedingten gesellschaftlichen Umbaus weniger getestet worden als diesmal; noch nie war weniger davon die Rede, was er eigentlich für die „conditio humana" bedeute. Dazu hat man einfach keine Zeit mehr. Jeder Staat macht sich seine Sorgen über die Verbreitung von Rauschgift, doch keiner darüber, was ein ungehemmter Informationsrausch beim einzelnen (d.h. dann beim Vereinzelten) anrichten kann.

In einem Zeitalter der Unübersichtlichkeit wird durch die „neuen Medien" keineswegs Übersichtlichkeit neu gewonnen. Im Gegenteil: Das Überangebot an Information macht - da niemand mehr festzustellen vermag, was aus der Fülle des Gebotenen wichtig, was nicht wichtig ist - nun auch noch den letzten Versuch der Orientierung zu einem Vabanque-Spiel. „Das Medium ist die Botschaft", hatte der amerikanische Kommunikationswissenschaftler Marshall McLuhan schon im Jahre 1964 konstatiert. Er hatte „Verliebt in seine Apparate - Narzißmus als Narkose" als den Zustand definiert, in den sich der Mensch mit vollem Bewußtsein begibt. Das war lange vor einer Zeit, in der der Sprung in das multimediale Zeitalter den ganzen Menschen mit Beschlag belegte.

Heute scheint der amerikanische Soziologe Neil Postman auf dem rechten Weg, wenn er schreibt:

> „Während Information einmal eine wichtige Ressource war, mit deren Hilfe wir unsere gegenständliche und unsere symbolische Welt kontrollieren konnten, haben wir mit unserem technischen Erfindergeist die Information in eine Art Abfallprodukt und uns selbst in Müllsammler verwandelt [...]. Die Verbindung von Information und zweckbestimmtem Handeln ist aufgehoben worden."[85]

Tatsächlich sollten wir einmal darüber nachdenken, ob es nicht nur den gefährlichen Atommüll, sondern eines Tages auch einen Informationsmüll geben könnte, der fähig ist, die Informationskanäle auf die verheerendste Weise zu verstopfen. Wir haben hier von der Endlichkeit der Welt und ihrer Ressourcen geschrieben. Es könnte zu einem Versäumnis mit tragischen Folgen werden, wenn wir nicht erkennen, daß es auch eine „Endlichkeit" menschlichen Widerstandes gegen die Sekundärfolgen der Informationsflut gibt. Warum sollen nur unkontrollierte FCKW- und CO2-Werte die Menschheit gefährden können? Es könnte auch eine unkontrollierte Informationsschwemme jede Art von rationaler Verständigung hinwegspülen.

Zum Schluß muß noch ein möglicher Irrtum ausgeräumt werden. Manches, was hier an Einwänden gegen das Informationszeitalter vorgebracht wurde, könnte so klingen, als fände das Verdikt gegen die Technik wie sie die Kulturkritik der zwanziger Jahre formulierte, eine Wiederauferstehung. Davon kann nicht die Rede sein. Es wird nicht bestritten, daß die Fortschritte der Informationstechnik da, wo sie die Technik selbst betreffen, nicht mehr aus unserem Leben wegzudenken sind. In vielen Bereichen ist die Verfügung über neue Informationen notwendig, um menschenrettende „Fortschritte" zu gewährleisten. Die Verfügbarkeit weltweiten *Wissens*, die durch das „Internet" gewährleistet wird, kommt einem qualitativen Sprung gleich. Aber es ist das Merkwürdige in diesem Stadium, in dem die mediale Scharlatanerie blüht, daß von ihnen - in der Humanmedizin etwa oder in der Biologie - nicht mit der öffentlichen unkritischen Begeisterung Kenntnis genommen wird, wie dies in *dem* Sektor unseres Lebens, der von der Unterhaltungsindustrie beherrscht wird, der Fall ist. Die bedrohlichen „Nebengeräusche" der Informations-Revolution entstehen vor allem dort, wo die Informationsgesellschaft überhaupt keine Informationen erzeugt oder transportiert, in der Werbung etwa oder in dem Schwachsinn dessen, was man sich angewöhnt hat, Unterhaltung zu nennen. Diese wiederum beziehen ihre Massenwirkung nicht aus ihrer Notwendigkeit, sondern aus dem zur Verfügung stehenden Kapital. Die Summe dieses Kapitals hängt wiederum davon ab, wieviele „Konsumenten" (das sind die Zuschauer in diesem Bereich allemal) sie für die zwischengeschaltete Werbung aktivieren können. Einsatzfähiges Kapital für medialen Nonsens - das ist die Größe, die bisher das mit solchen Vorschußlorbeeren bedachte Zeitalter definiert.

Heute wird oft damit argumentiert, daß technisch bedingte Fortschrittsattribute wie die Eisenbahn, die Elektrizität, das Telefon oder das Auto, die Lebensweise erst ermöglicht haben, die wir unter „modern" verstehen und nicht mehr missen möchten. Das ist richtig. Nur läßt sich eines nicht bestreiten: All diese Produkte haben sich durchgesetzt, weil ein objektives Bedürfnis für sie vorlag. Anders gesagt: Alle technischen Revolutionen haben die Umwelt des Menschen verändert, aber seine Substanz nicht angetastet. Das Zeitalter, das unzutreffend nach der Information benannt ist, zielt auf den Menschen selbst. Es liefert die Instrumente, um ihn zu entmündigen, ohne daß er davon Kenntnis nimmt. Sie setzen sich deshalb durch, weil sie mit ungeheurem Aufwand in den Markt gedrückt werden und der menschliche Wille diesem Aufwand nicht mehr standzuhalten vermag. Ein Pawlowscher Reflex jagt den nächsten. Deshalb darf man die Meinung des schon zitierten Neil Postman teilen, ohne als Kulturkritiker alter Schule verunglimpft zu werden.

„Ich weiß nicht, warum man Unternehmer für konservativ hält. Vielleicht weil sie dunkle Anzüge tragen. Sie sind in Wirklichkeit die radikalsten Kräfte in der Kultur, weil sie mit der Kultur experimentieren, einfach dadurch, daß sie sich bemühen, die Profite zu maximieren, die aus neuer Technik zu holen sind [...]. Wenn sie darin erfolgreich sind, mit neuer Technik sehr viel Geld zu machen, dann zahlt die Kultur einen sehr hohen Preis."[86]

Wir sind am Ende. Am Anfang haben wir gesagt, es unterscheide sich unsere Zeit von allen vorangegangenen dadurch, daß sie sich die Zukunft nur als Katastrophe vorstellen könne. Nun scheint (aber es scheint nur so!) das Ende des Traktates uns eines Besseren zu belehren: Wir haben wieder eine Hoffnung. Für manche zwar eine Hoffnung wider besseres Wissen, aber eine Hoffnung. Die größte Gefahr tritt erst dann ein, wenn wir nicht mehr einzusehen vermögen, daß die Menschen auf leisen Sohlen ihres Eigen-Willens beraubt werden. Wir stehen am Anfang; das Ende ist offen ...

# V. Anmerkungen

[1] Umberto Eco: Über Gott und die Welt - Essays und Glossen. München 1987, S. 11.

[2] Frédéric Vester (Hrsg.): Ausfahrt Zukunft. Studiengruppe Biologie und Umwelt. München 1991, S. 818.

[3] Ebda., S. 819.

[4] J. Coates/J. Jarrett: What Futurists believe. The World Future Society. Bethesda, Maryland ²1990, S. 117.

[5] Egon Friedell: Kulturgeschichte der Neuzeit (Sonderausgabe). München 1965, S. 46.

[6] Panajotis Kondylis: Planetarische Politik nach dem Kalten Krieg. Berlin 1992, S. 1.

[7] Oswald Spengler: Der Untergang des Abendlandes. München 1923 (Neubearbeitung), S. 30.

[8] Ebda., S. 8.

[9] Peter Sloterdijk (Hrsg.): Vor der Jahrtausendwende - Berichte zur Lage der Nation. Frankfurt a. M. 1990, S. 106.

[10] Alexander Demandt: Der Idealstaat - Die politischen Theorien der Antike. Köln/Weimar/Wien 1993, S. 192 f.

[11] Ebda., S. 99.

[12] Hariolf Grupp: Der Delphi-Report. Innovationen für unsere Zukunft. Stuttgart 1995, S. 32.

[13] Ebda., S. 32.

[14] Alexander Demandt, (Anm. 10), S. 168 f.

[15] J. Coates/J. Jarret, (Anm. 4), S. 46.

[16] Rigobert Günther/Reimar Müller: Das goldene Zeitalter - Utopien der hellenistisch-römischen Antike. Stuttgart 1988, S. 173.

[17] Alexander Demandt, (Anm. 10), S. 373.

[18] Wolfgang Röd: Der Weg der Philosophie, Bd. 1 Altertum - Mittelalter - Renaissance. München 1994, S. 301.

[19] Jean Servier: Der Traum von der großen Harmonie - Eine Geschichte der Utopie. München 1971, S. 60.

[20] Gottfried Salomon-Delatour: Moderne Staatslehren. Neuwied/Berlin 1965, S. 135.

[21] Zitiert nach ebda., S. 140.

[22] Jean Servier, (Anm. 19), S. 77.

[23] Klaus J. Heinisch (Hrsg.): Der utopische Staat. Reinbek bei Hamburg 1960, S. 238.

[24] Jean Servier, (Anm. 19), S. 145.

[25] Klaus J. Heinisch, (Anm. 23), S. 227.

[26] Ebda., S. 235 f.

[27] Jean Servier, (Anm. 19), S. 142, 138.

[28] Panajotis Kondylis: Die Aufklärung im Rahmen des neuzeitlichen Rationalismus. München 1986, S. 278.

[29] Oswald Spengler, (Anm. 7), S. 64.

[30] In: Herman Kahn/Anthony Wiener, Ihr werdet es erleben - Voraussagen der Wissenschaft bis zum Jahr 2000. Wien/München/Zürich 1968, S. 33.

[31] In: Ebda., S. 130 ff.

[32] Schwarz/Svedin/Wittrock: Methods in Future Studies - Problems and Applications. Boulder, Colorado 1982, S. 11.

[33] Zitiert nach Herman Kahn/Anthony Wiener, (Anm. 30), S. 415.

[34] Ossip K. Flechtheim: Zeitgeschichte und Zukunftspolitik. Stuttgart 1974, S. 11 f.

[35] Zitiert nach Ossip K. Flechtheim: Ist die Zukunft noch zu retten? Hamburg 1987, S. 15.

[36] Ebda., S. 43 f.

[37] Schwarz/Svedin/Wittrock, (Anm. 32), S. 111, 47.

[38] Kreibich/Canzer/Burmeister: Zukunftsforschung und Politik. Weinheim 1990, S. 110 f.

[39] Zitiert nach Ossip K. Flechtheim (Anm. 35), S. 20.

[40] Schwarz/Svedin/Wittrock,(Anm. 32), S. 162, 100.

[41] Zitiert nach Kreibich/Canzler/Burmeister, (Anm. 38), S. 73 f.

[42] Ebda., S. 133.

[43] Ebda., S. 125.

[44] Hariolf Grupp, (Anm. 12), S. 43.

[45] Rivett zitiert nach Schwarz/Svedin/Wittrock, (Anm. 32), S. 27.

[46] Marguerite Kramer: Images of World Future. In: Journal of Peace Research, 21/1984, S. 316 ff.

[47] Kreibich/Canzler/Burmeister, (Anm. 38), S. 107.

[48] Thomas von Randow: In: DIE ZEIT v. 17. März 1972.

[49] Dennis Meadows u. a.: Die Grenzen des Wachstums. Stuttgart 1972, S. 15.

[50] Ebda., S. 165 ff.

[51] Mihailo Mesarovic/Eduard Pestel: Die Menschheit am Wendepunkt. Stuttgart 1974, S. 139 ff.

[52] Ebda., S. 182.

[53] Dennis Meadows u. a., (Anm. 49), S. 162.

[54] Mihailo Mesarovic/Eduard Pestel, (Anm. 51), S. 135 f.

[55] Der Spiegel 15/1995, S. 33.

[56] Frithjof Capra: Wendezeit - Bausteine für ein neues Weltbild. München 1991, S. XIII, X.

[57] Alvin Toffler: Der Zukunftsschock. ² Bern/München/Wien, 1970, S. 10

[58] Ebda., S. 377 f.

[59] Frithjof Capra, (Anm. 56), S. 417.

[60] Ervin Laszlo: Der Laszlo-Report - Wege zum globalen Überleben. München 1994, S. 165.

[61] Ebda., S. 132.

[62] Ebda., S. 137.

[63] Ebda., S. 146.

[64] Ebda., S. 213.

[65] Hans Jonas: Das Prinzip Verantwortung - Versuch einer Ethik für die technologische Zivilisation. Frankfurt a.M. 1979.

[66] Ebda., S. 329.

[67] Ebda., S. 327. Die folgenden Seitenzahlen stammen alle aus dem "Prinzip Verantwortung".

[68] Denis de Rougemont: Die Zukunft ist unsere Sache. Stuttgart 1980, S. 154.

[69] Paul Kennedy: Preparing for the twenty-fist Century. Special overseas edition. London 1994, S. 345.

[70] Ebda., S. 349.

[71] Zbigniew Brzezinski: Macht und Moral - Neue Werte in der Weltpolitik. Hamburg 1994, S. 247 f.

[72] Ebda., S. 14.

[73] Ebda., S. 102.

[74] Ernst-Otto Czempiel: Weltpolitik im Umbruch. ² München 1993.

[75] Ebda., S. 106.

[76] Ebda., S. 14.

[77] Peter Coulmas: Die vielen Nationen und die Einheit der Welt. In: Europa-Archiv 1994, S. 552.

[78] Robert Cooper: Gibt es eine neue Weltordnung? In: Europa-Archiv 1992, S. 516.

[79] Dieter Senghaas: Weltinnenpolitik - Ansätze für ein Konzept. In: Europa-Archiv 1992, S. 652.

[80] Ernst-Otto Czempiel, (Anm. 74), S. 125.

[81] Samuel P. Huntington: The Clash of Civilizations. In: Foreign Affairs 1993, S. 22.

[82] Alain Minc: Le Nouveau Moyen Age. Paris 1993, S. 10.

[83] Ebda., S. 210 f.

[84] In: Peter Sloterdijk (Hrsg.): Vor der Jahrtausendwende - Berichte zur Lage der Nation. Frankfurt a. M. 1990 Bd.I., S. 107.

[85] Alfred Herrhausen-Gesellschaft für internationalen Dialog (Hrsg.): Multimedia: Eine revolutionäre Herausforderung - Perspektiven der Informationsgesellschaft. Stuttgart 1995, S. 9.

[86] Ebda., S. 33.

# VI. Kommentierte Literaturauswahl

Die folgende Bibliographie umfaßt, unabhängig von den in den Anmerkungen genannten Titeln, vor allem Bücher, die für die zeitgenössische Diskussion prägend waren und sind. Vollständigkeit ist nicht angestrebt und angesichts der Fülle des Materials auch nicht möglich.

**Alfred Herrhausen Gesellschaft für internationalen Dialog** (Hrsg.): Multimedia: Eine revolutionäre Herausforderung - Perspektiven der Informationsgesellschaft. Stuttgart 1993. - Einer der inzwischen in ihrer Fülle fast unübersehbaren Titel zur "Informationsgesellschaft" und ihren gesellschaftlichen Implikationen. Er zeichnet sich dadurch aus, daß Pros und Contras unvermittelt nebeneinander diskutiert werden.

**Bloch**, Ernst: Das Prinzip Hoffnung. Bd. 1-3, Frankfurt a.M. 1973. - Der klassische Text einer utopiebezogenen Philosophie, der im Laufe der Jahre allerdings viel von seiner früher mitreißenden Wirkung eingebüßt hat.
**Boulding**, Elise/**Boulding**, Kenneth E.: The Future - Image and Processes. Thousand Oaks u.a. 1995. - Arbeiten von zwei amerikanischen Zukunftsforschern, deren Studien die Disziplin jahrzehntelang begleitet haben und auch heute noch ein Bild von ihrer Entwicklung geben.

**Capra**, Frithjof: Wendezeit - Bausteine für ein neues Weltbild. München 1991. - Eine der vielen, in diesem Falle auch vielbeachteten Beispiele aus den siebziger Jahren, die mit dem Tenor "Mensch ändere Dich" im Umfeld der Club of Rome-Diskussionen angesiedelt waren.
**Coates**, J./**Jarrett**, J.: What Futurists believe. The World Future Society. Bethesda, Maryland ² 1990. - Eine etwas trockene, gleichwohl nützliche Aufstellung über die Wissens- und Glaubensvorstellungen moderner Futurologen.

**Czempiel**, Ernst-Otto: Weltpolitik um Umbruch. München ²
1993. - Eine fundierte weltpolitische Studie mit begrenztem
visionären Anspruch.

**Demandt**, Alexander: Der Idealstaat - Die politischen Theorien
der Antike. Köln/Weimar/Wien 1993. - Geschichte des antiken politischen Denkens, von dem heute auch noch die Moderne zehrt.

**Flechtheim**, Ossip K.: Ist die Zukunft noch zu retten? Hamburg 1987. - Das bisher letzte einer Reihe von Büchern, in
denen sich der deutsche Erfinder der "Futurologie" mit
Grundsatzfragen der Welt und der Notwendigkeit einer kritischen Zukunfts-Wissenschaft auseinandersetzte.

**Fucks**, Wilhelm: Formeln zur Macht. Stuttgart 1965. - Eine Art
früher deutscher Pilotstudie eines Mathematikers, die Zukunft - wenn auch noch mit unzureichenden metho-
dologischen Mitteln - in den Griff zu bekommen.

**Geo extra** 1/1995: Das 21. Jahrhundert. - Ein Beispiel für viele, mit denen auch die Publizistik ihren Beitrag zur Zu-
kunftsdebatte leistete. Es zeigt sich zugleich die Fixierung
auf schlagworträchtige Sachverhalte.

**Global 200** - Der Bericht an den Präsidenten. Frankfurt a.M.
1980. - Der in seiner Art bis heute umfassendste Versuch, die
Zukunft mittels Weltmodellen, ihren Instrumenten und Prognosen in den Griff zu bekommen.

**Heinisch**, Klaus J. (Hrsg.): Der utopische Staat. Reinbek bei
Hamburg 1960. - Eine Textzusammenstellung der frühen
Utopien von Morus, Campanella und Bacon.

**Hessel**, J. H./**Zöpel**, C.: Zukunft und staatliche Verantwortung.
Baden-Baden 1987. - Die Sammlung beschäftigt sich vorwiegend mit der modernen Zukunftswissenschaft, ihrer Ausprägung und ihren Defiziten in Deutschland.

**Huntington**, Samuel P.: The Clash of Civilizations. In Foreign Affairs 1993, S. 22 ff. - Der einzige Aufsatz dieser Bibliographie wurde wegen der Bedeutung aufgenommen, die seine "Kulturkampf"-Thesen, obwohl stark angefeindet, inzwischen in der öffentlichen Diskussion haben.

**Jonas**, Hans: Das Prinzip Verantwortung - Versuch einer Ethik für die technologische Zivilisation. Frankfurt a.M. 1979. - Der nach unserer Beurteilung bedeutendste Versuch, der technologisch dominierten Zivilisation ein einigermaßen kohärentes ethisches Fundament zu geben. Verstärkte Aktualität durch die aufkommende Debatte über Vorzüge und Gefahren der Informationsgesellschaft.

**Jungk**, Robert/**Mundt**, Hans Josef (Hrsg.): Weil wir überleben wollen. München/Wien/Zürich 1970. - Neben anderen Titeln, eines der Beispiele aus dem Ende der sechziger, Anfang der siebziger Jahre, die einen Hinweis auf die optimistische Grundstimmung dieser Jahre geben.

**Kahn**, Herman/**Wiener**, Anthony: Ihr werdet es erleben - Voraussagen der Wissenschaft bis zum Jahre 2000. Wien/München/Zürich 1968. - Manches ist eingetroffen, vieles nicht.

**Kennedy**, Paul: Preparing for the twenty-first Century. London 1993, Special overseas edition 1994. - Ein wichtiges Beispiel dafür, wie eine zukunftsorientierte Universalhistorie, die ihre Erkenntnis-Grenzen kennt, geschrieben werden kann.

**Kondylis**, Panajotis: Planetarische Politik nach dem Kalten Krieg. Berlin 1992. - Eine essayistische Antwort auf Francis Fukuyama ("Das Ende der Geschichte", 1992).

**Laszlo**, Ervin: Der Laszlo-Report - Wege zum globalen Überleben. Landsberg/Lech 1992. - Beispiel für das wertorientierte Umdenken, das einsetzte, als die computergestützte Weltmodell-Euphorie der frühen siebziger Jahre abklang.

**Meadows**, Dennis u. a.: Die Grenzen des Wachstums. Stuttgart 1972. - Die damals sensationelle, pessimistisch getönte und in ihrer Wirkmächtigkeit niemals mehr erreichte Weltmodell-Studie des Club of Rome hat großes Aufsehen erregt.

**Mesarovic**, Mihailo/**Pestel**, Eduard: Die Menschheit am Wendepunkt - 2. Bericht an den Club of Rome zur Weltlage. Stuttgart 1974. - Dies ist die Erweiterung ung Fortsetzung der „Grezen des Wachstums".

**Minc**, Alain: Le Nouveau Moyen Age. Paris 1993 (deutsch: Das Neue Mittelalter, ² Hamburg 1995). - Die zwar modische, weil allzu sehr mit populären Ängsten spielende Studie eines Franzosen, die gleichwohl die amerikanische Dominanz auf diesem Gebiet ein wenig austariert.

**Röd**, Wolfgang: Der Weg der Philosophie Bd. 1. Altertum - Mittelalter - Renaissance. München 1994. - Eine neue Darstellung der philosophischen Grundlagen auch der Zukunftsaspekte bis zur Renaissance.

**Schwarz/Svedin/Wittrock**: Methods in Future Studies - Problems and Applications. Boulder, Colorado 1982. - Eine klare, sachbezogene Darstellung der Methoden und Fragestellungen in der wissenschaftlichen Zukunftsforschung.

**Servier**, Jean: Der Traum von der großen Harmonie - Eine Geschichte der Utopie. München 1971. - Von Platon bis zur "schönen neuen Welt" eine präzis geschriebene, stark sozialgeschichtlich eingefärbte Geschichte der gesellschaftlichen und politischen menschlichen Idealvorstellungen.

**Sloterdijk**, Peter (Hrsg.): Vor der Jahrtausendwende - Berichte zur Lage der Nation. Frankfurt a. M. 1990 (edition Suhrkamp 1550). - Zwei Bände voll essayistisch-philosophisch-zeitkritischer Aufsätze. Obwohl manchmal mit allzu leichter Hand geschrieben, besticht der Band durch wohlformulierte und überraschende Einsichten.

**Spengler**, Oswald: Der Untergang des Abendlandes. München 1923. - Standardwerk visionär getönter Universalgeschichte, das - gerade weil in seinen Prämissen anfechtbar - nicht von ungefähr immer wieder zitiert wird.

**Steinbuch**, Karl: Falsch programmiert. Stuttgart 1968. - Es ist bezeichnend, daß die ersten deutschen zeitgenössischen Beiträge zur Zukunftsforschung (sieht man von Robert Jungk ab) von einem Mathematiker und (hier) von einem Systemtheoretiker stammen, dem es vor allem die deutsche Wettbewerbsfähigkeit angetan hatte.

**Toffler**, Alvin: Der Zukunftsschock. Bern/München/Wien ² 1970. - Der Titel gibt einen Hinweis auf die pessimistische Zeitgestimmtheit, deren Resonanz er sucht.

consistent with overarching purposes, for example, social justice, equity, inclusion, and flourishing nature associated with ecological civilization. That is because purposes help to shape the paradigms, discussed next, that constitute the mindsets of people within a given system, influencing their attitudes, behaviors, and practices.

An example of the power of changing purposes may be helpful. The previous chapter discussed Donaldson and Walsh's definition of the real purpose of business not as maximizing wealth or shareholder value, as is commonly stated by neoliberal economics, but rather as generating collective value absent dignity violations.[7] As we think about the many ways in which businesses impact human systems, it is easy to imagine that rethinking a business purpose (and, by extension, the purpose of the corporation as a business form) could induce numerous changes in how businesses operate, how they treat stakeholders and nature, and what business models they use. And that is all about influencing the paradigm (or mindset/worldview) that people within the system hold.

### Paradigms (Wordviews, Mental Models, Mindsets)

*Paradigms*, also called *mindsets*, *mental models*, or *perspectives*, are the belief or framing systems of actors that provide a narrative or story that helps them figure out who they are in relation to the world or the particular system of interest. Systems theorist Donella Meadows called *paradigms*, and the ability to transcend them, the most important levers for system change. That is because such paradigms shape how purpose is perceived and influence attitudes, behaviors, and actions.[8] Paradigms are essentially the stories or narratives in our heads and sometimes in writing, as well as other images and memes, that tell us what the world is about. They inform us about how we should or do relate to the world (or a particular context or system), and why it is important. Shifting narratives, broadly defined, to a consistent and aspirational set of shared aspirations is foundational in catalyzing transformation.

Thus, paradigms matter because they inform and shape attitudes, beliefs, and ultimately behavior, and practices. For example, the belief that humans are separate from nature, one of the cultural myths discussed earlier, represents a paradigm or worldview. That paradigm fundamentally indicates that it is all right for humans to exploit nature as much as possible and pay little attention to the impact of, for example, business activities on other living beings or natural ecologies. A different paradigm, arising from many Indigenous traditions, argues for humans' deep interrelatedness to nature and all of her beings in both a physical and spiritual sense.[9] The behaviors and practices arising out of this paradigm are quite different from the exploitation model, in that they honor other beings as equal to humans and hence treat them quite differently.

The reason recognizing the specific paradigm(s) that are operational in a context is important in system change is because, as thought leader David Korten wrote in a book by that title, if you "change the story," you can "change the future."[10] When they are particularly powerful, such narratives and stories become the core cultural mythologies, like the problematic myths already discussed, that make up paradigms that shape our worldviews. Ultimately, the understandings produced by paradigms determine how people in a given context or system relate to their world or system. And, as noted, they also provide a foundation for the guidance that comes from accepted cultural myths, shared aspirations, visions, values, and principles that are needed in system transformation.

## Performance Metrics

*Performance Metrics* are the third key aspect of what changes in system transformation. Such metrics include assessment and evaluation criteria and influence what gets recognized and rewarded in a given socioeconomic context, institution, or organization. Appropriate metrics and the results they generate are significantly influenced by the definition of the system and its boundaries.[11] Performance metrics can guide operating practices (one of the other Ps or dimensions of transformative change) and can also be used to align or realign structures and power relationships (another of the Ps).

Performance metrics are particularly important in holistically evaluating and guiding behaviors toward accomplishing a system's purpose. As an old accounting saying goes, "You get what you measure" (and, importantly, what you reward based on those measurements). For example, one of the most common metrics of a nation's performance today is growth in GDP (gross domestic product). But that metric has been known to be flawed since its inception.[12] It measures only economic activity, whether that activity is beneficial or not. It fosters an obsession with constant growth (on our finite and somewhat fragile planet). It fails to take vitally important socioeconomic elements like volunteer and civic activities, care work (e.g., taking care of children or elders), and community building practices into account. It ignores practices costly to human well-being such as layoffs, overproduction, and marginalization of many people. It considers many activities that actually degrade the natural environment, clear-cutting of forest, excessive use of pesticides and human-made fertilizers in agriculture, blowing the tops off of mountains, for example, as positives because they add to economic "growth" as defined by GDP.[13]

Properly developed and holistic performance and evaluation/assessment metrics need to align with the system's purposes so that they help participants in the system determine whether those purposes are being met or not. They can provide incentives for actions in a desired direction (or, when misaligned push the system in the wrong direction). For transformation, such metrics need to be holistic and provide ways to assess the dynamics and direction of changes that are taking place. They need to address complex ideas like well-being for both people and planet, rather than simple monetary growth.[14]

At the whole system level, a number of important advances in thinking through such well-being-oriented metrics have emerged, including the Organization for Economic Cooperation and Development (OECD) "Better Life Index,"[15] Bhutan's Gross National Happiness Index,[16] and the Genuine Progress Indicator/Index of Sustainable Economic Welfare,[17] which has been adopted in a number of geographical contexts, including Maryland in the United States. One important advance that has been made in developing holistic assessment and evaluation metrics is the principles-based approach developed by Michael Quinn Patton called *Blue Marble Evaluation*,[18] which will be discussed in more depth when we look at tackling systemic challenges in Chapter 7.

### Power Relations and Structures

*Power Relations and Structures* are the formal and informal organizational arrangements and mechanisms in a system that determine who has resources or access to resources (or not), including in human systems monetary and material resources, and also resources needed for sustenance. Power structures determine decision-making processes, as well as who benefits and who does not in a given system. They inform how important decisions and how monetary resources, status, and information, among other resources, are distributed.[19]

Power relations are reflected in the structure, status, flow of resources, including information, and, essentially, the "food chain" in a given system. In human systems, particularly hierarchical ones, such power relations are inevitable, although frequently not openly discussed, despite the fact that everyone knows they exist. Explicitly recognizing the role of power relations in a transformation context is important because transformation will likely shift those relationships, which pose clear obstacles to change if not dealt with properly. Restructuring power relationships is important to achieve the types of equity, social, justice, and flourishing for all that are envisioned in transformation efforts. And, of course, that includes humans' relationships with other-than-human beings, to use David Abram's phrase,[20] that coexist interdependently in our world.

In collaborative actions like many efforts at catalyzing transformation, people of very different backgrounds, statuses, and mindsets, with quite different expertise and knowledge, and sometimes large differences in resources, are likely to be brought together. Finding ways to even out the inevitable power differences, including ways to bring in otherwise marginalized voices and perspectives, is essential to the success of transformation efforts. Similarly, recognizing that such differences exist in all socioecological systems and must be acknowledged and openly taken into account is important. That can be difficult because many people do not like to discuss power and status differences openly, but if not handled transparently and sensitively, they can get in the way of significant change.

### Practices (Policies, Procedures, and Processes)

The final dimension of what changes in system transformation is labeled *practices*, and includes all the different ways that work gets done or the system's purpose is fulfilled. In human systems, that includes all the *operating practices, policies, procedures, and processes* that basically represent the operating system. Practices at this core determine how things get done, happen, or emerge in a given system. That is, practices are activities through which a system accomplishes its purposes and measures its performance.

In short, practices are how and what gets done in a given context. Changing practices can shift systems, though Meadows argued not as powerfully as paradigm shifts do. Practices in a context or system clearly need to be aligned with purposes in new, hopefully more coherent, ways when catalyzing transformation, so that transformation actually moves in the desired direction. When the performance metrics actually assess how well those practices are being implemented, their alignment becomes consistent with the greater purpose of a given socioecological system. Practices can involve developing rules and regulations that support or thwart, if ill-designed, the achievement of a system's purpose.

Practices are importantly influenced by the dominant paradigm or mindset of key players in a socioecological system, because they have control over how purpose is defined and how the performance metrics to which the system will respond are developed. People, that is, especially people in positions of power, develop specific policies and procedures to get things done, often in clear alignment with the incentives provided by the system. That is mostly determined by their own aspirations and by the way their performance and the system's performance are assessed. That brings us back to how performance metrics are designed, which is why they are so important. In turn, effective performance metrics, as the principles-based Blue Marble approach suggests, need to align clearly and explicitly with the identified (aspirational) purposes of the system. When purpose, performance metrics, and paradigms are well aligned, then both the power structures and practices of a given system will fall into place. When they are not well aligned or well defined, then operating practices can look a lot more random or be more aligned with individual, particularly dominant individuals' or power players' interests, rather than systemic aspirations.

## Synthesizing the Five Dimensions of What Changes

These 5Ps—purpose, paradigms, performance metrics, practices, and power relations—form a holistic, interdependent system that can help describe what needs to shift during systemic transformation toward ecological civilization or other aspirations (see Figure 5.1). In any given transformation effort, changing one of these elements will change the rest because they are interrelated. So, the key is to ensure that they are aligned, particularly around common or shared purposes that participants agree on.

This constellation of five core dimensions of systemic transformational change shows the interrelationship among core dimensions of systems that need to be taken into consideration. All linked lines can be assumed to be bidirectional so that each element influences the others. Purpose in a system, however, strongly influences appropriate performance metrics as well as the perspectives or understandings of what the system is about by its participants. The triangle of purpose, perspectives, and performance metrics is a powerful levers for the rest of the system because they deeply influence how practices and the structure or power relations are shaped.

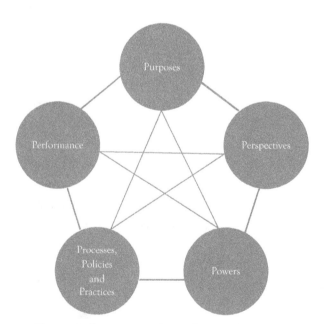

**Figure 5.1 Five core dimensions of transformative system change: the "What"**

Source: Waddock and Waddell (2020).

# Takeaways From Chapter 5

- There are five core dimensions of *what* needs to change in system transformation for a given socioecological context comprised of human institutions. Purpose(s), paradigms of participants (mindsets, worldviews, mental models), and performance metrics are overarching aspects of systems that influence practices (policies, procedures, processes) that define how the system operates and the power structures that determine relationships and resource flows.

- Purpose determines how the system is defined and what its aspirations/orientation is, as well as how boundaries can be determined.

- Paradigms (worldviews, mindsets, mental models) are the framings, belief systems, stories, and narratives that help explain "how things are" in a given context. Paradigms shape attitudes, beliefs, behaviors, and, ultimately, actions and practices.

- Performance metrics, including assessment and evaluation criteria, influence what gets recognized and rewarded in a given socioecological context.

- Power relations and structures are the informal and formal organizational arrangements that determine who has access, resources, and power over others, who makes decisions and how, and what the reporting relationships in a human socioecological context are.

- Practices (policies, procedures, and processes) represent the operating system in a human organization or socioecological system, which needs to be aligned with purposes, fit with the paradigm, and meet the standards of the system's performance metrics.

# CHAPTER 6

# Transformation Catalysts

## Connecting, Cohering, and Amplifying Transformation Systems' Work

This chapter starts with the argument that there is a need to *transform system transformation* through *organizing* transformative efforts in new ways. Transformation of system transformation rests on two organizing and organizational phenomena: entities called *transformation catalysts* (*TCs*) that work to connect, cohere, and amplify the work of initiatives and actors in purposeful transformation systems. *TCs*, discussed in this chapter, are new types of entities that explicitly work to organize purposeful transformation systems geared to achieving transformative impact in a given context. Specifically, they *connect* and *cohere* the work of other transformation actors and initiatives in what are typically underorganized contexts into purposeful and effective transformation systems. In other words, TCs connect typically separate and fragmented actors and initiatives so that they can begin to cohere their efforts and form themselves into and act coherently to *amplify* their efforts as effective *transformation (T-) systems*, discussed in the next chapter.

The focus is on whole systems organizing transformation efforts in new ways. That shift of thinking toward whole system transformation using catalytic processes is needed because traditional approaches to purposeful transformational change have been largely ineffective. Here we begin to get to the nitty gritty of making purposeful whole systemic transformation work. Figure 6.1 depicts the catalyzing transformation processes that will be discussed in this chapter.

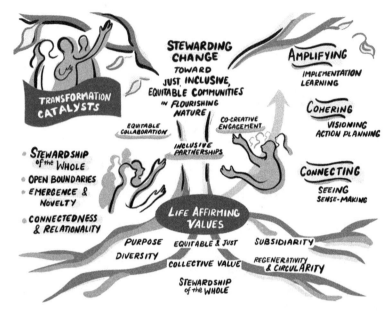

**Figure 6.1  Transformation catalysts**

Image: Patricia Kambitsch, https://playthink.com.

## Conventional Approaches to Transformational Change

Different groups of change agents use a variety of approaches to attempt to bring about transformational change. In an important article, Waddell identified four such key strategies, that is, basic approaches to transformational change: "doing change" or the entrepreneur strategy, "forcing change" or the warrior strategy, "directing change" or the missionary, later called the *pathfinder strategy*, and "cocreating change" or the lover strategy[1] (see www.bouncebeyond.global/four-transformations-strategies for the updated approach). These strategies, according to Waddell, fall along two continua. One continuum runs from confrontation (warriors/entrepreneurs) to collaboration (pathfinders and lovers). The other goes from creation or creative action (entrepreneurs and lovers) to more destructive activities (warriors and pathfinders).

Setting up these continua as a grid argues for four main strategic profiles representing different change approaches but overlooking collaborative (lover) strategies.[2] One of these types is reformists, comprised of existing power elites, similar to pathfinders in Waddell's framing, who believe in top-down change. Another includes impatient revolutionaries, or new power elites, who also want to bring change about through top-down approaches. A third type is patient revolutionaries, well-prepared actors, whose approach is to let things get worse so that there will be momentum for making things better. Then there are grassroots fighters, warriors in Waddell's framing, who attempt change from the outside through activism. Finally, there are multifaceted radicals, diverse actors, who want to replace today's institutions with new ones, and work from inside and outside of the current system to do so.[3]

In Waddell's framing, the warrior strategy generally includes activists of various sorts, generally from outside the system, who are willing to protest or engage the current system in ways that sometimes can be destructive and that certainly question the status quo. Warriors attempt to force change, mobilizing others to join their protests or other actions. As Waddell points out, warriors often engage in confrontational activities against the power that be without providing an alternative pathway forward, thus they risk irrelevance. Extinction Rebellion is an example of a group that at least in its initial actions represents the warrior strategy.

The entrepreneurial strategy emphasizes a "just get it done" approach, fraught with a bit of the well-known impatience of entrepreneurs to simply change the status quo by inventing or doing something new. Entrepreneurs, also generally working from outside the current system, move forward creatively to invent something new. In doing so, they are willing to confront and challenge the existing system openly with innovations that they hope others will adopt, thereby replacing the existing system over time. Entrepreneurs need to convince skeptical others to go along with their innovations, which can sometimes be difficult to achieve; thus, the main risk they face is that of marginalization.

The pathfinder (originally called *missionary*) strategy works from the inside out, as it frequently involves people in existing positions inside the current system attempting to make change from within. Thus, it has both destructive and collaborative aspects. Working from the inside, pathfinders are willing to take on traditional power structures, ways of doing things, and traditions and break with them in the interests of improving the system. The problem is that such approaches, for example, the Benefits Corporation or B Corporation movement, tend to be incremental or marginal to the main system, rather than truly transformational. Thus, they risk being suppressed by the existing system's powerful status quo dynamics.

The lover strategy identified by Waddell involves collaborative and cocreative approaches to change. Multistakeholder initiatives and Global Action Networks[4] like the Forest Stewardship Council are examples of lover or collaborative strategies. Collaboration, in contrast to more confrontational strategies, tends to be time-consuming in developing shared aspirations and learning how to work together, as they negotiate away from the status quo toward new arrangements and relationships. Because they tend to be small and relatively fragile relative to the whole system, such collaborative approaches risk being co-opted by the existing system.

Collectively, these four types of change efforts describe the bulk of conventional approaches to systems change. The issue here is that any one group tends to use only one or two of them, and they focus on only part of the system to be transformed. They also lack the overall cohesiveness needed to ensure that system changes implemented actually "stick." To make them effective, they need to be aligned in new ways, that is, connected and cohered in the language used in this book. Then new strategies and innovations can be cocreatively evolved for their long-term effectiveness developed. Then they can amplify their impacts and actually bring transformation about.

Sometimes one or two approaches will be needed. Other times it is possible that all four approaches will be necessary to bringing about true transformation. Sometimes the organizing task is one of bringing diverse different initiatives working with different strategies together in new conversations and dialogues to coevolve whole new approaches. The work of the TC, described in the following, is recognizing when and how to bring these different types of activist actors together along with other types of change agents into more effective action strategies, that is, connecting, cohering, and amplifying their impacts.

Doing that work of connecting, cohering, and amplification generally requires transforming approaches to transformation, or what